DETAILS DE MODE
A LA LOUPE
FOCUS ON
FASHION DETAILS

TOME 3   **Fermetures à glissière**

VOLUME 3   Slide fasteners - Zippers

Braguettes

Flies

Ceintures

Waistbands

Plis et Fentes

Pleats and vents

Conception, réalisation et écriture /
Concept and composition :
Claire Wargnier

Traduction anglaise / English translation :
Patricia Loué-Milanese

Illustrations : Isabelle Gonnet

ESMOD EDITIONS

Préface

Pour les « accros » de mode, les « addicts » qui en ont assez, sous prétexte qu'ils ne sont pas professionnels, de ne pouvoir confectionner leurs créations qu'à partir de quatre rectangles avec des poches plaquées !

Pour les étudiants en panne de virtuosité devant leur machine à coudre à 2 heures du matin, ou les stylistes et chefs de produits pour qui l'élaboration technique d'un vêtement reste un mystère !

Pour tous les créatifs de la mode en demande d'un langage universel afin de mieux communiquer avec leur partenaire durant la phase de fabrication.

Voilà le point de départ de la mise en œuvre de cet ouvrage qui a vu le jour, petit à petit, afin de répondre à la demande de nombreuses classes d'étudiants, de futurs créatifs de la mode devant comprendre les mécanismes du vêtement occidental, les apprendre et savoir les retraduire sous différentes formes.

Présenté sous forme de fiches détaillées à la loupe, cet ouvrage en quatre tomes s'inscrit dans une démarche pédagogique et professionnelle qui permet à la modéliste ainsi qu'à toutes les personnes entrant dans le processus de création et de fabrication d'un vêtement d'installer un rapport confiant et percutant dans leur communication, souvent éloignée.

Ces fiches vulgarisent et développent étape par étape les processus de fabrication des différentes pièces et détails possibles dans l'élaboration d'un vêtement de Prêt-à-Porter industriel avec un outil artisanal, comme c'est le cas pour des étudiants, des particuliers ou de nombreux professionnels travaillant en dehors des unités de fabrication industrielle.

Ecrites et dessinées étape par étape pour les vestiaires Homme, Femme, Enfant et Bébé, elles répondent aux contraintes de l'industrie tant dans ses normes (Tableaux de longueurs, largeurs, adaptation aux fournitures industrielles, …) que dans son langage (codes, sections, vocabulaires, …).

Le modéliste trouvera à la suite des fiches explicatives, les différentes pièces de patronage servant à élaborer chaque montage.

Les textes de ces ouvrages sont bilingue français - anglais et s'appuient sur le langage de sections et de visuels qui en permettent une compréhension et un emploi universel.

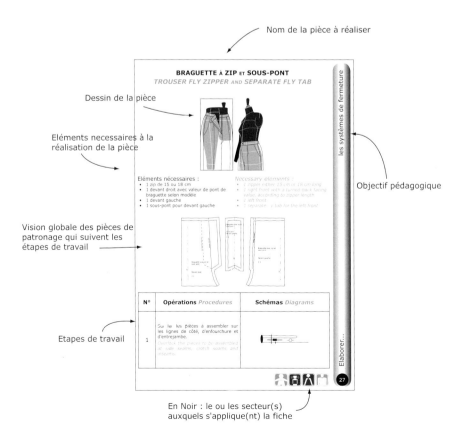

2

Preface

For 'fashion addicts' who, under the pretext of not being professionals, are tired of having to start every creation from four rectangles with patch pockets;

For uninspired students sitting in front of their sewing machines at 2 a.m. or for designers and product managers for whom the technique of creating a garment remains shrouded in mystery;

For all designers who require a universal language to communicate with other designers during the fabrication process ;

This manual answers the needs of the above-named audiences. 'Focus on Fashion Details' provides valuable assistance in understanding the mechanisms of garment creation and the transformation of the shapes of these garments.

This four-volume manual which focuses on fashion details is designed for both educational and professional use. It enables pattern drafters as well as other professionals involved in the process of creation and manufacturing of garments to communicate and collaborate effectively even when working at different locations.

The procedures and diagrams break down all the basic steps for manufacturing a ready-to-wear garment using the basic equipment available to students, independent designers and other professionals who work outside of the industry.

Written and illustrated step by step including garments for men, women, children and babies, these procedures strictly adhere to industrial constraints, norms and terminology (measurement lengths, widths, adaptation to industrial equipment, etc.) using technical vocabulary, symbols and codes.

Following each explanation, the pattern drafter will find outlines for the pattern pieces necessary for the assembly.

The bilingual French-English text, as well as the symbols and diagrams, make these volumes universally accessible.

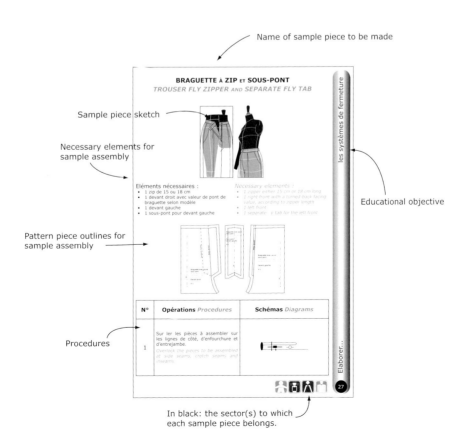

3

SOMMAIRE SUMMARY

LISTE DES FOURNITURES - SUPPLIES AND EQUIPMENT

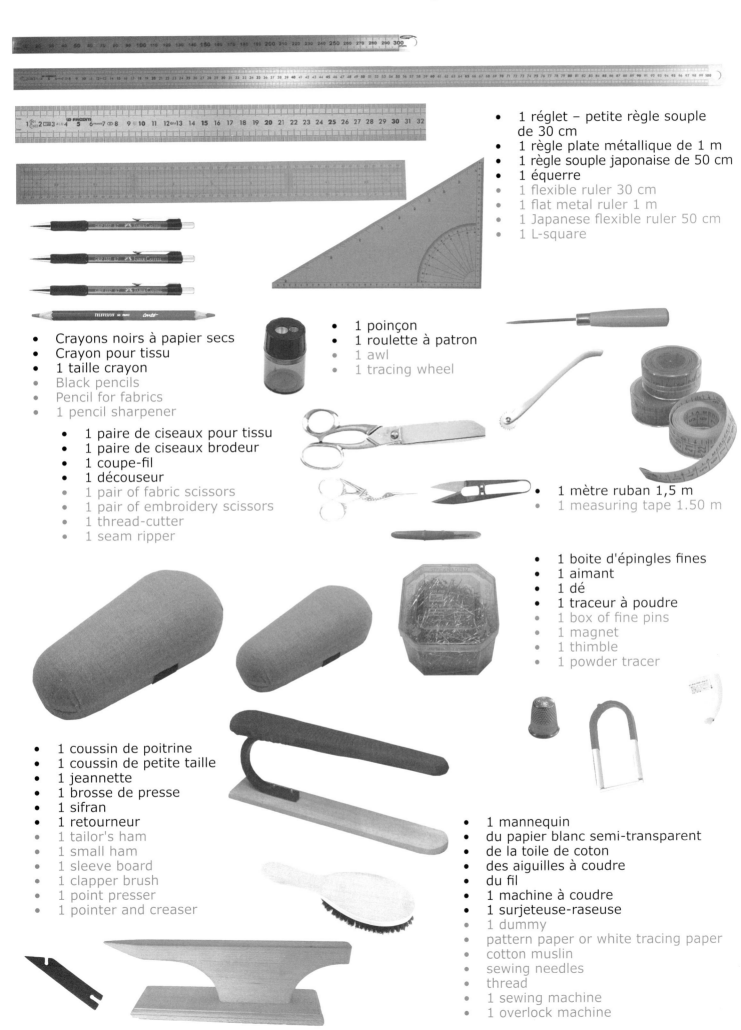

- 1 réglet – petite règle souple de 30 cm
- 1 règle plate métallique de 1 m
- 1 règle souple japonaise de 50 cm
- 1 équerre
- 1 flexible ruler 30 cm
- 1 flat metal ruler 1 m
- 1 Japanese flexible ruler 50 cm
- 1 L-square

- Crayons noirs à papier secs
- Crayon pour tissu
- 1 taille crayon
- Black pencils
- Pencil for fabrics
- 1 pencil sharpener

- 1 poinçon
- 1 roulette à patron
- 1 awl
- 1 tracing wheel

- 1 paire de ciseaux pour tissu
- 1 paire de ciseaux brodeur
- 1 coupe-fil
- 1 découseur
- 1 pair of fabric scissors
- 1 pair of embroidery scissors
- 1 thread-cutter
- 1 seam ripper

- 1 mètre ruban 1,5 m
- 1 measuring tape 1.50 m

- 1 boite d'épingles fines
- 1 aimant
- 1 dé
- 1 traceur à poudre
- 1 box of fine pins
- 1 magnet
- 1 thimble
- 1 powder tracer

- 1 coussin de poitrine
- 1 coussin de petite taille
- 1 jeannette
- 1 brosse de presse
- 1 sifran
- 1 retourneur
- 1 tailor's ham
- 1 small ham
- 1 sleeve board
- 1 clapper brush
- 1 point presser
- 1 pointer and creaser

- 1 mannequin
- du papier blanc semi-transparent
- de la toile de coton
- des aiguilles à coudre
- du fil
- 1 machine à coudre
- 1 surjeteuse-raseuse
- 1 dummy
- pattern paper or white tracing paper
- cotton muslin
- sewing needles
- thread
- 1 sewing machine
- 1 overlock machine

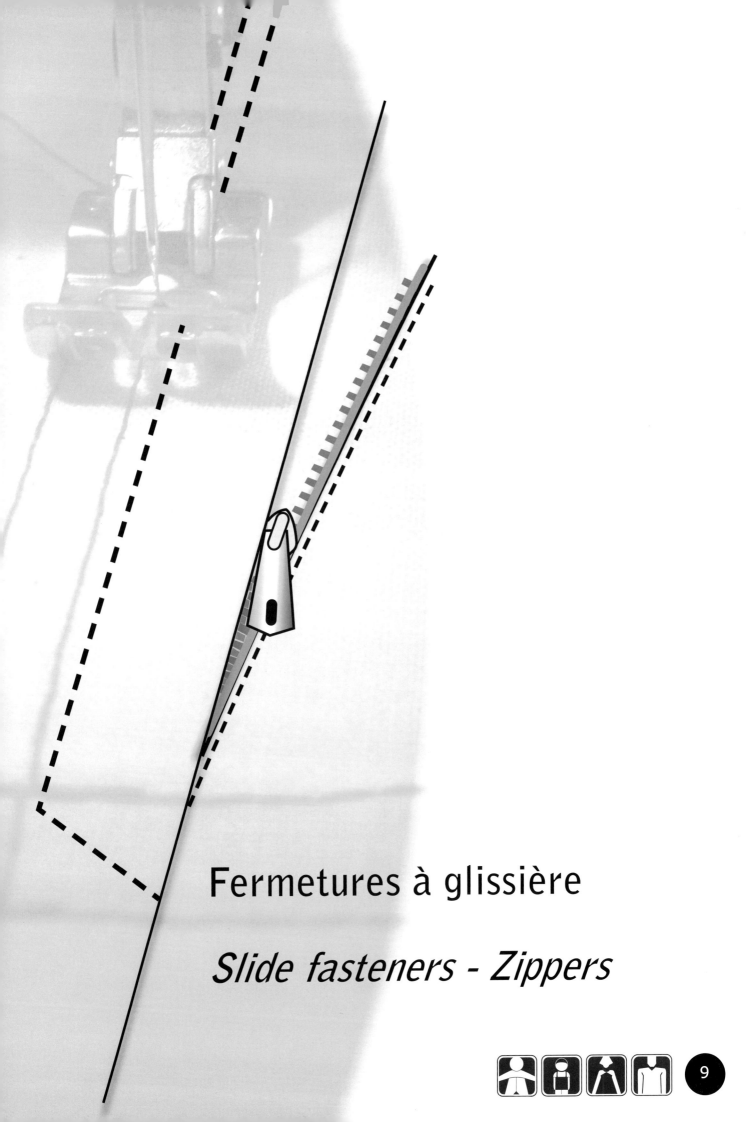

Fermetures à glissière

Slide fasteners - Zippers

9

ZIP BORD à BORD
EDGE TO EDGE ZIPPER

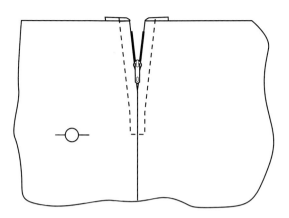

Eléments nécessaires :
- 1 zip de 15 ou 18 cm.
- 2 pièces de toile selon gabarit.

Necessary elements :
- *1 zipper either 15 cm or 18 cm long.*
- *2 pieces of muslin according to zipper length.*

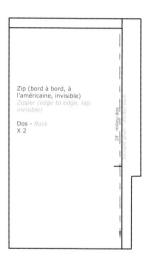

Zip (bord à bord, à l'américaine, invisible)
Zipper (edge to edge, lap, invisible)

Dos - *Back*
X 2

N°	Opérations *Procedures*	Schémas *Diagrams*
1	Repasser la toile avant de couper les pièces du gabarit. *Iron the muslin before cutting the pieces.*	
2	Assembler les 2 pièces endroit contre endroit jusqu'à 1.5 cm au dessus du décroché (Point A). Point d'arrêt. *Assemble the two pieces, right sides together, until 1.5 cm above the angle (Point A). Backstitch.*	A

3	Repasser coutures ouvertes en préformant l'ouverture dans le prolongement de la couture sur les deux côtés de l'ouverture. *Iron the seam allowances open forming the zipper opening by pressing the seam allowance on both sides of the opening.*	
4	Positionner l'endroit de la fermeture à glissière à cheval sur l'ouverture (bords de couturages repliés, placés au centre de la maille du zip) (endroit de la fermeture sur envers du tissu). Epingler le zip sur le couturage de part et d'autre en plaçant les épingles perpendiculairement. *Place the right side of the zipper on top of the opening (folded seam allowance edges placed on the center of the zipper's coils). The right side of the zipper is on the wrong side of the fabric.* *Pin the zipper on the seam allowance on each side, placing the pins perpendicular to the zipper.*	
5	Descendre le curseur du zip de quelques centimètres pour faciliter le montage. Piquer en commençant en haut à gauche, à 7 mm du bord replié jusqu'au bas du zip. (Pied de biche fermeture à glissière). Pivoter et piquer sur 14 mm, pivoter à nouveau ; remonter parallèlement jusqu'au haut du zip. Points d'arrêt. *For easy assembly, lower the slider several centimeters.* *Beginning at the top left side, stitch at 7 mm from the folded edge to the bottom of the zipper. (Use zipper foot.)* *Pivot, and stitch for 14mm, pivot again, and stitch at 7 mm parallel to the folded edge, to the top of the zipper. Backstitch.*	7 mm 14 mm
6	Repassage final. *Final ironing.*	

ZIP à L'AMÉRICAINE
LAPPED ZIPPER

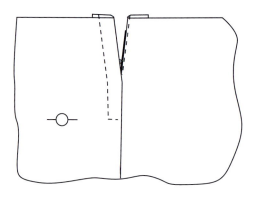

Eléments nécessaires :
- 1 zip de 15 ou 18 cm.
- 2 pièces de toile selon gabarit.

Necessary elements :
- *1 zipper either 15 cm or 18 cm long.*
- *2 pieces of muslin according to zipper length.*

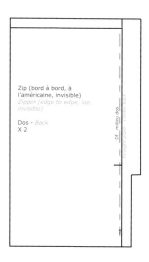

Zip (bord à bord, à l'américaine, invisible)
Zipper (edge to edge, lap, invisible)

Dos - *Back*
X 2

N°	Opérations *Procedures*	Schémas *Diagrams*
1	Repasser la toile avant de couper les pièces du gabarit. *Iron the muslin before cutting the pieces.*	
2	Assembler les 2 pièces endroit contre endroit jusqu'à 1.5 cm au dessus du décroché (Point A). Point d'arrêt. *Assemble the two pieces, right sides together, until 1.5 cm above the angle (Point A). Backstitch.*	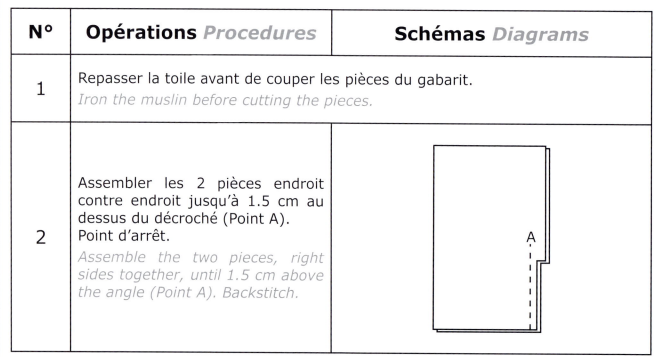

3	Repasser coutures ouvertes en préformant l'ouverture dans le prolongement de la couture sur le côté gauche. Pour le côté droit ; repasser le couturage en décalant de 2mm vers l'intérieur. *Iron the seam allowances open forming the zipper opening by extending the seam on the left side.* *For the right side; iron the seam allowance by shifting it 2 mm towards the interior.*	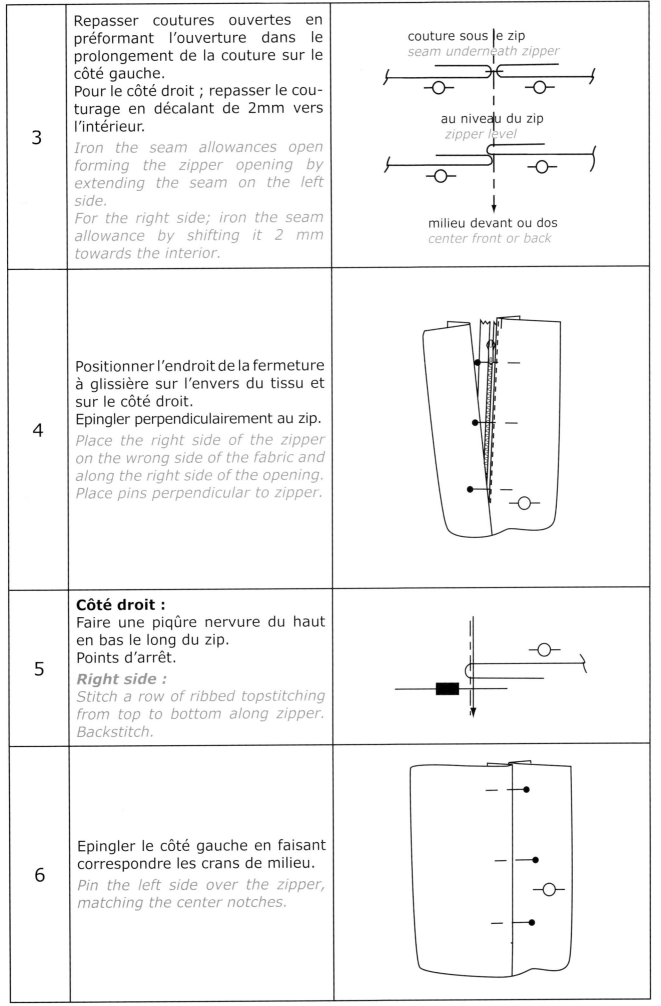couture sous le zip *seam underneath zipper* au niveau du zip *zipper level* milieu devant ou dos *center front or back*
4	Positionner l'endroit de la fermeture à glissière sur l'envers du tissu et sur le côté droit. Epingler perpendiculairement au zip. *Place the right side of the zipper on the wrong side of the fabric and along the right side of the opening.* *Place pins perpendicular to zipper.*	
5	**Côté droit :** Faire une piqûre nervure du haut en bas le long du zip. Points d'arrêt. ***Right side :*** *Stitch a row of ribbed topstitching from top to bottom along zipper.* *Backstitch.*	
6	Epingler le côté gauche en faisant correspondre les crans de milieu. *Pin the left side over the zipper, matching the center notches.*	

7	**Côté gauche :** Piquer le côté gauche à 1.2 cm du bord plié, en commençant par le haut. En bas de la fermeture, pivoter en angle droit, de façon à rejoindre la couture. Terminer cette couture par un point d'arrêt. *Left side :* *Beginning at the top, stitch the left side at 1.2 cm from the edge.* *At the bottom of the zipper, pivot on a right angle in order to meet the seam.* *Backstitch.*	1,2 cm
8	Repassage final. *Final ironing.*	

NOTES /

ZIP INVISIBLE
INVISIBLE ZIPPER

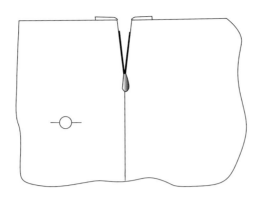

Eléments nécessaires :
- 1 zip de 15 ou 18 cm
- 2 pièces de toile selon gabarit

Necessary elements :
- *1 zipper either 15 cm or 18 cm long*
- *2 pieces of muslin according to zipper length*

Zip (bord à bord, à l'américaine, invisible)
Zipper (edge to edge, lap, invisible)

Dos - *Back*
X 2

N°	**Opérations** *Procedures*	**Schémas** *Diagrams*
1	Repasser la toile avant de couper les pièces du gabarit. *Iron the muslin before cutting the pieces.*	
2	Assembler les 2 pièces endroit contre endroit jusqu'à 1.5 cm au dessus du décroché (Point A). Point d'arrêt. *Assemble the two pieces, right sides together, until 1.5 cm above the angle (Point A). Backstitch.*	A

3	Repasser coutures ouvertes en préformant l'ouverture dans le prolongement de la couture sur les deux côtés de l'ouverture. *Iron the seam allowances open forming the zipper opening by pressing the seam allowance on both sides of the opening.*	
4	Ouvrir les maillons du zip invisible avec le fer à repasser. Le zip invisible doit être plus long que l'ouverture de 4 cm. Exemple : Ouverture de 16 cm, zip de 20 cm. *Using an iron, press to unroll the zipper coils.* *The invisible zipper must be 4 cm longer than the opening.* *Exemple : For a 16 cm opening, the zipper must be 20 cm.*	
5	Poser l'endroit du zip sur l'envers du tissu. Le bord du zip en haut doit se placer sur le bord du tissu. C'est-à-dire que le point B du zip doit se trouver à 1.2 cm du bord. *Place the right side of the zipper on the wrong side of the fabric.* *The top edge of the zipper must be placed on the edge of the fabric.* *Point B on the zipper must be at 1.2 cm from the upper edge of fabric.*	1,2 cm
6	Coudre le ruban du zip sur la partie couturage à 0.5 cm du bord, de haut en bas. Cette piqûre de maintien fixera le zip. Attention : Piquer uniquement le couturage et le zip ensemble ! *Sew the zipper tape to the seam allowance at 0.5 cm from the edge, from top to bottom.* *Be careful to sew only the zipper and the seam allowance together.*	0,5 cm

7	Coudre avec le pied spécial « zip invisible ». Bien dérouler au fur et à mesure de la piqûre le maillon du zip avec le doigt. La couture doit être le plus près du maillon possible. *Sew with specially designed «zipper foot».* *While stitching, slowly unroll the zipper coils with your finger.* *The stitching must be as close as possible to the zipper coils.*	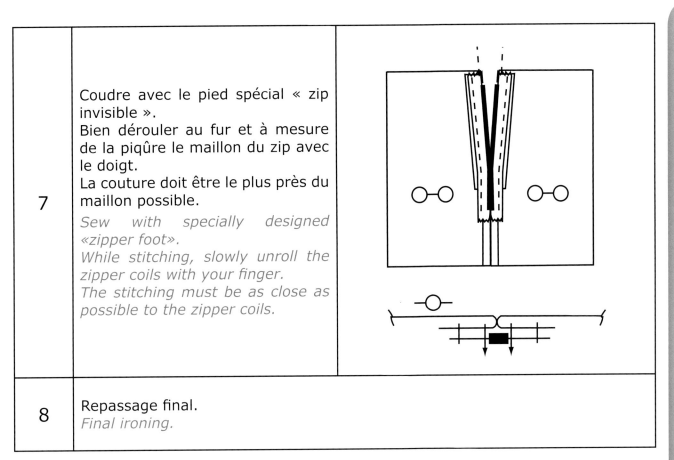
8	Repassage final. *Final ironing.*	

NOTES /

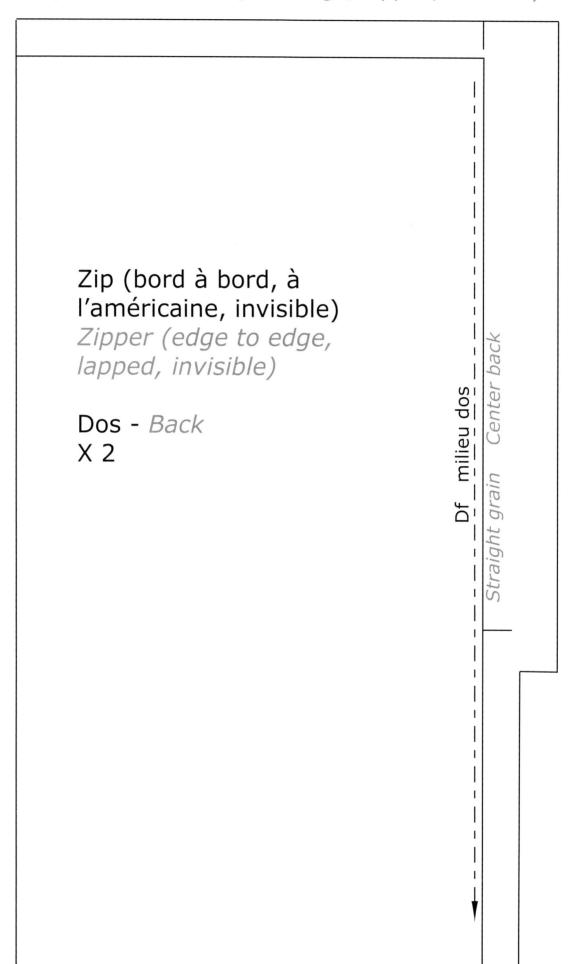

Zip (bord à bord, à l'américaine, invisible)
Zipper (edge to edge, lapped, invisible)

Dos - *Back*
X 2

Df milieu dos *Straight grain Center back*

Sections de zips apparents milieu devant
Symbols for visible center front zippers

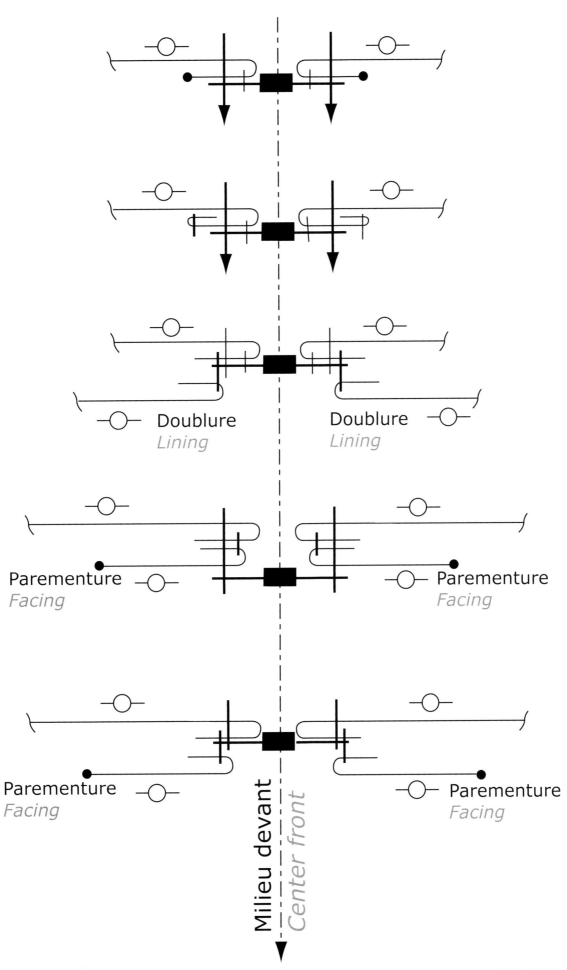

Doublure
Lining

Doublure
Lining

Parementure
Facing

Parementure
Facing

Parementure
Facing

Parementure
Facing

Milieu devant
Center front

Sections de zips dissimulés milieu devant
Symbols for concealed center front zippers

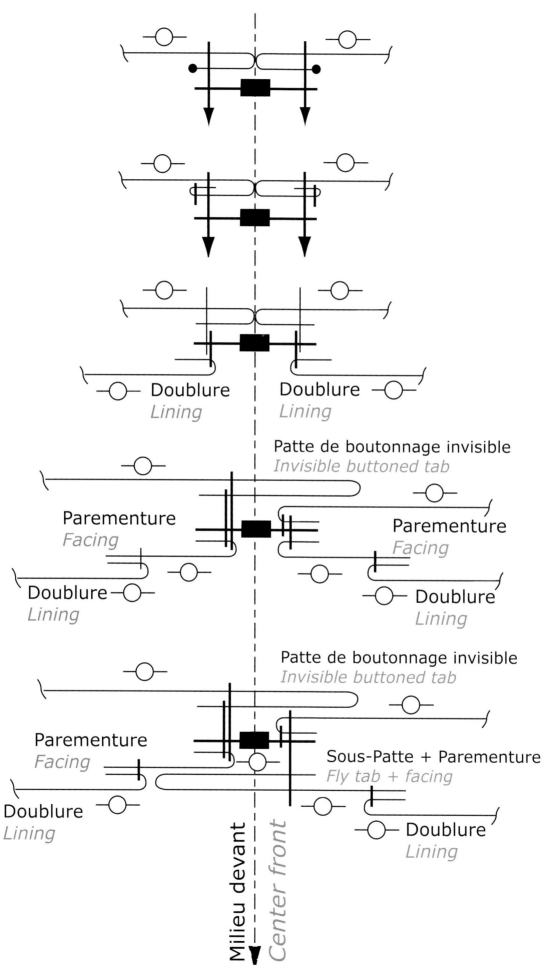

Doublure
Lining

Doublure
Lining

Patte de boutonnage invisible
Invisible buttoned tab

Parementure
Facing

Parementure
Facing

Doublure
Lining

Doublure
Lining

Patte de boutonnage invisible
Invisible buttoned tab

Parementure
Facing

Sous-Patte + Parementure
Fly tab + facing

Doublure
Lining

Doublure
Lining

Milieu devant
Center front

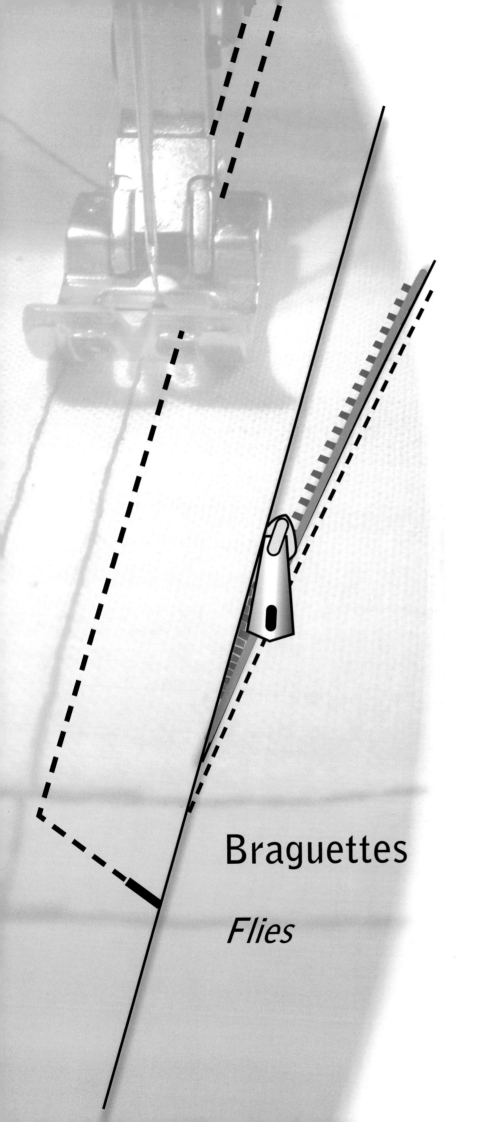

Braguettes

Flies

BRAGUETTE AVEC ZIP SANS SOUS-PONT
TROUSER FLY ZIPPER WITHOUT FLY TAB

Eléments nécessaires :
- 1 zip de 15 ou 18 cm
- 2 devants avec valeur de pont de braguette selon modèle

Necessary elements :
- *1 zipper either 15 cm or 18 cm long*
- *2 fronts with a turned-back facing value according to zipper length*

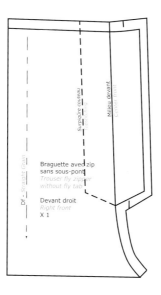

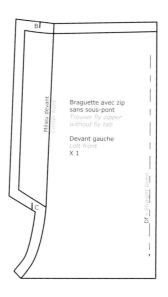

N°	Opérations *Procedures*	Schémas *Diagrams*
1	Surfiler les pièces à assembler sur les lignes de côté, d'enfourchure et d'entrejambe. *Overlock the pieces to be assembled at side seams, crotch seams and inseams.*	

2	Assembler les 2 devants endroit contre endroit du milieu de la courbe d'enfourchure jusqu'à 1 cm au dessus du décroché (Point A). Point d'arrêt. Le montage de la braguette se fait avant le montage des jambes afin de garder le plus longtemps possible le travail à plat. On laissera donc une partie de l'enfourchure dégagée afin de permettre le montage de l'entrejambe devant et dos et pouvoir finir l'assemblage de l'enfourchure. *With right sides together, assemble the 2 fronts from the middle of the crotch seam curve until 1 cm above the angle (Point A). Backstitch.* *The fly zipper assembly is completed before the trouser legs are assembled, allowing the front pieces to remain flat. Therefore, part of the crotch seam will be left partially open to facilitate the inseam assembly, and then completed.*	
3	Dégager le devant droit et placer le zip sur le devant gauche endroit contre endroit en positionnant le bord du ruban du zip sur les crans de repères B et C du gabarit. Epingler et piquer de la taille jusqu'au bas de la braguette. *Fold down the right front. Place the right side of the zipper on the right side of the left front, and align the edge of the zipper tape with the notches B and C on the front piece.*	
4	Retourner le zip sur l'endroit et piquer nervure à 0.2 cm du bord sur toute la longueur de la braguette. *Turn the zipper to the right side and sew using a ribbed stitch at 0.2 cm from the edge along the zipper.*	

Elaborer...

5	Préformer le retour de la braguette du devant droit et repasser en suivant les crans du milieu devant. Epingler milieu devant droit sur milieu devant gauche. *Prepare the right front fly opening by ironing along the center front line (follow notches).* *Pin the right front center line on to the left front center line.*	Devant droit *Right front* — Devant gauche *Left front*
6	En retournant le devant droit sur l'endroit du devant gauche, on retrouve le sous-pont avec le zip. Piquer à 0.5 cm le ruban du zip sur le sous-pont de D à E. *By turning the right front on to the right side of the left front, the facing with the zipper is visible.* *Stitch at 0.5 cm from the edge of the zipper tape on the facing from D to E.*	E … D
7	En suivant le bord du sous-pont à 0.5 cm, finir le montage par une surpiqûre sur l'endroit du devant droit formant le dessin du couteau de braguette selon le modèle. N.B. Ne pas oublier le point d'arrêt ou la barre d'arrêt sur le milieu devant en bout de couteau. Pour réussir une surpiqûre régulière, on peut utiliser un gabarit en carton correspondant à la valeur et au dessin du couteau fini et le poser sur le montage afin de suivre sa forme (voir p.65). Enlever les épingles de maintien du milieu devant. Repassage final. *On the right front, topstitch along the edge of the facing at 0.5 cm. The topstitching curve may change, according to the garment design and style.* *Note: Do not forget to backstitch at center front.* *For straight and regular topstitching, a cardboard template can be used (see p.65).* *Remove pins from center front.* *Final ironing.*	Couteau Devant droit *Right front* — Devant gauche *Left front*

Tracé Braguette avec zip sans sous-pont
Outline for trouser fly zipper without fly tab

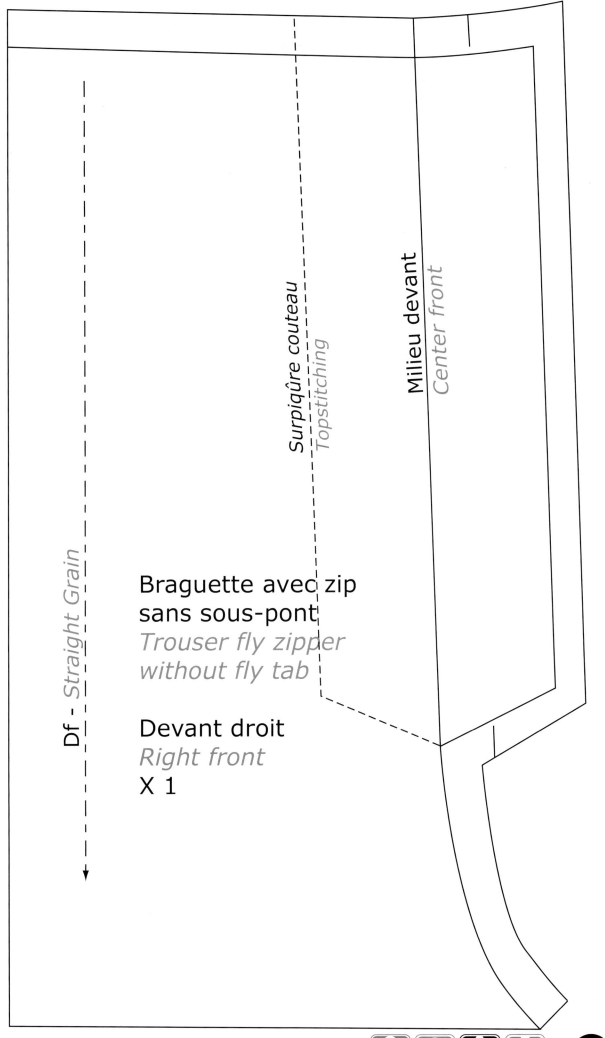

Df - *Straight Grain*

Surpiqûre couteau
Topstitching

Milieu devant
Center front

Braguette avec zip
sans sous-pont
*Trouser fly zipper
without fly tab*

Devant droit
Right front
X 1

Tracé Braguette avec zip sans sous-pont
Outline for trouser fly zipper without fly tab

B

Milieu devant
Center front

C

Braguette avec zip
sans sous-pont
*Trouser fly zipper
without fly tab*

Devant gauche
Left front
X 1

Df - *Straight Grain*

BRAGUETTE À ZIP ET SOUS-PONT
TROUSER FLY ZIPPER AND SEPARATE FLY TAB

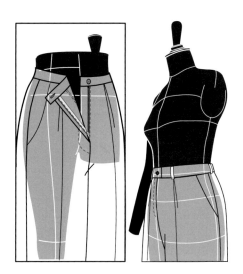

Eléments nécessaires :
- 1 zip de 15 ou 18 cm
- 1 devant droit avec valeur de pont de braguette selon modèle
- 1 devant gauche
- 1 sous-pont pour devant gauche

Necessary elements :
- *1 zipper either 15 cm or 18 cm long*
- *1 right front with a turned-back facing value, according to zipper length*
- *1 left front*
- *1 separate fly tab for the left front*

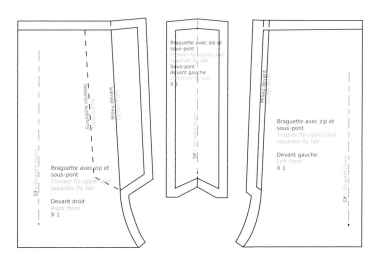

N°	**Opérations** *Procedures*	**Schémas** *Diagrams*
1	Surfiler les pièces à assembler sur les lignes de côté, d'enfourchure et d'entrejambe. *Overlock the pieces to be assembled at side seams, crotch seams and inseams.*	

2

Assembler les 2 devants endroit contre endroit du milieu de la courbe d'enfourchure jusqu'à 1 cm au dessus du décroché (Point A).
Point d'arrêt.
Le montage de la braguette se fait avant le montage des jambes afin de garder le plus longtemps possible le travail à plat. On laissera donc une partie de l'enfourchure dégagée afin de permettre le montage de l'entrejambe devant et dos et pouvoir finir l'assemblage de l'enfourchure.

With right sides together, assemble the 2 fronts from the middle of the crotch seam curve until 1 cm above the angle (Point A).
Backstitch.
The fly zipper assembly is completed before the trouser legs are assembled, allowing the front pieces to remain flat. Therefore, part of the crotch seam will be left partially open to facilitate the front and back inseam assembly, and then completed.

3

Préparation du sous-pont gauche :
Plier endroit contre endroit la ligne de pliure du sous-pont gauche et piquer le bas de la patte d'un bout à l'autre à 1 cm.
Dégarnir l'angle et retourner.
Repasser.

Left fly tab preparation :
Fold the left fly tab, right sides together, and stitch along the bottom of the tab at 1 cm from the edge.
Trim excess seam allowance at angle and turn.
Iron.

4	Poser l'endroit du zip sur le devant gauche en plaçant le bord de la maille sur le milieu devant décalé (suivre les crans). Puis ajouter le sous-pont préparé dans l'opération 3 par-dessus au bord du couturage du devant gauche. Epingler et piquer à 1 cm. *Position the right side of the zipper on the left front placing the coils on the shifted center front line (follow the notches).* *Then place the prepared fly tab (Step 3) on top of the zipper, along the edge of the left front.* *Pin and stitch at 1 cm.*	milieu devant - *center front*
5	Surfiler le long du zip les trois épaisseurs de couturages. *Overlock the three layers together along the edge of zipper.*	
6	Retourner le zip et le sous-pont vers l'endroit en couchant les couturages vers le devant gauche. Surpiquer nervure le long du zip. *Turn the zipper and the fly tab towards the right side of fabric, folding the seam allowances towards the left front.* *Stitch a row of ribbed topstitching along the zipper.*	
7	Préformer le retour de la braguette du devant droit et repasser en suivant les crans. Epingler milieu devant droit sur milieu devant gauche. *Prepare the right front fly opening by ironing along the center front line (follow notches).* *Pin the right center front line on the left center front line.*	Devant droit *Right front* Devant gauche *Left front*

8	En retournant le devant droit sur l'endroit du devant gauche, on retrouve le sous-pont avec le zip. En écartant le sous-pont du devant gauche (épingler), piquer à 0.5 cm le ruban du zip sur le sous-pont de B à C. *By turning the right front on to the right side of the left front, the facing with the zipper is visible.* *Fold back the left front facing (maintain with a pin), stitch at 0.5 cm along the zipper tape on the fly tab from B to C.*	
9	Enlever l'épingle qui retient le sous-pont, le poser à plat sous le devant droit. Epingler la largeur du sous-pont sur le devant droit et écarter par une épingle le haut du sous-pont pour permettre le passage du pied de biche sans prendre le sous-pont en même temps dans l'opération suivante. *Remove the pin holding the facing, fold it flat under the right front.* *Pin the facing width aside under the right front, maintain with a pin at the top of facing. This permits stitching (Step 10) without sewing the separate fly tab at the same time.*	
10	En suivant le bord du sous-pont à 0.5 cm, finir le montage par une surpiqûre sur l'endroit du devant droit formant le dessin du couteau de braguette selon le modèle. La piqûre de la largeur du couteau DE retient l'extrémité du sous-pont gauche. N.B. Ne pas oublier le point d'arrêt ou la barre d'arrêt sur le milieu devant en bout de couteau. Pour réussir une surpiqûre régulière, on peut utiliser un gabarit en carton correspondant à la valeur et au dessin du couteau fini et le poser sur le montage afin de suivre sa forme (voir p.65). *On the right front, topstitch along the edge of the facing at 0.5 cm. The topstitching shape may change, according to the garment design and style.* *The topstitching between D and E maintains the end of the left separate fly tab.* *Note: Do not forget to backstitch at center front (Point E).* *For straight and regular topstitching, a cardboard template can be used (see p.65).*	couteau Devant droit *Right front* Devant gauche *Left front* D E
11	Enlever les épingles de maintien du milieu devant. Repassage final. *Remove pins from center front. Final ironing.*	

Tracé Braguette avec zip et sous-pont
Outline for trouser fly zipper and separate fly tab

Df - *Straight Grain*

Surpiqûre couteau
Topstitching

Milieu devant
Center front

Braguette avec zip et sous-pont
Trouser fly zipper and separate fly tab

Devant droit
Right front
X 1

Tracé Braguette avec zip et sous-pont
Outline for trouser fly zipper and separate fly tab

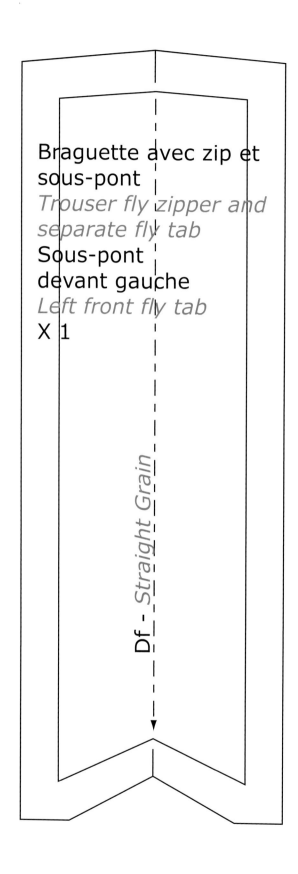

Braguette avec zip et sous-pont
Trouser fly zipper and separate fly tab
Sous-pont
devant gauche
Left front fly tab
X 1

Df - *Straight Grain*

Tracé Braguette avec zip et sous-pont
Outline for trouser fly zipper and separate fly tab

Milieu devant
Center front

Braguette avec zip et sous-pont
Trouser fly zipper and separate fly tab

Devant gauche
Left front
X 1

Df - *Straight Grain*

BRAGUETTE à BOUTONS pour PANTALON JEANS
(FEMME)
TROUSER BUTTON FLY for JEANS
(WOMEN'S GARMENTS)

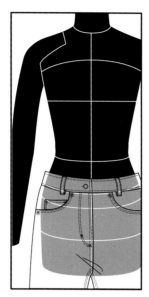
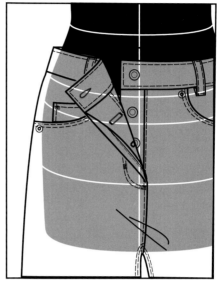

Eléments nécessaires :

- 2 devants selon modèle
- 1 sous-pont pour devant gauche
- 1 sous-pont pour devant droit
- 3 boutons

Necessary elements :

- *2 fronts according to garment design and style*
- *1 separate fly tab for the left front*
- *1 separate fly tab for the right front*
- *3 buttons*

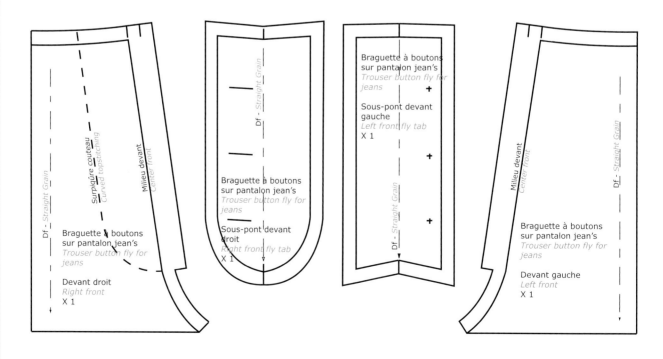

Df – *Straight Grain*

Surpiqûre couteau
Curved topstitching

Milieu devant
Center front

Braguette à boutons
sur pantalon jean's
Trouser button fly for jeans

Devant droit
Right front
X 1

Df – *Straight Grain*

Braguette à boutons
sur pantalon jean's
Trouser button fly for jeans

Sous-pont devant
droit
Right front fly tab
X 1

Braguette à boutons
sur pantalon jean's
Trouser button fly for jeans   +

Sous-pont devant
gauche
Left front fly tab
X 1

+

+

Df - *Straight Grain*

Milieu devant
Center front

Df - *Straight Grain*

Braguette à boutons
sur pantalon jean's
Trouser button fly for jeans

Devant gauche
Left front
X 1

N°	Opérations *Procedures*	Schémas *Diagrams*
1	Assembler les 2 devants endroit contre endroit du milieu de la courbe d'enfourchure jusqu'à 1 cm au dessus du décroché (Point A). Point d'arrêt. Le montage de la braguette se fait avant le montage des jambes afin de garder le plus longtemps possible le travail à plat. On laissera donc une partie de l'enfourchure dégagée afin de permettre le montage de l'entrejambe devant et dos et pouvoir finir l'assemblage de l'enfourchure. *With right sides together, assemble the 2 fronts from the middle of the crotch seam curve until 1 cm above the angle (Point A).* *Backstitch.* *The button fly assembly is completed before the trouser legs are assembled, allowing the front pieces to remain flat.* *Therefore, part of the crotch seam will be left partially open to facilitate the front and back inseam assembly, and then completed.*	A
2	Remplier le couturage du milieu devant droit sur l'envers en suivant les crans portés sur la ligne de taille. Epingler et repasser. Piquer nervure sur l'endroit en écartant le couturage du devant gauche. Finir la piqûre en angle sur le milieu devant avec un point d'arrêt. *Fold the center front seam allowance (right front) on to the wrong side of fabric following notches on the waistline. Pin and iron.* *Sew a row of ribbed topstitching on the right side of fabric, fold back the left front seam allowance value.* *Finish the topstitching with a right angle and backstitching at the center front.*	Devant gauche *Left front* Devant droit *Right front*

3	**Préparation du sous-pont droit :** Plier envers contre envers la ligne de pliure du sous-pont droit. Repasser, puis surfiler les deux épaisseurs du bord externe. Broder les boutonnières aux emplacements prévus à cet effet. *Right fly tab preparation :* *With wrong sides together, fold the right fly tab along the foldline.* *Iron, then overlock the two layers together along tab edge.* *Make the buttonholes where indicated on the tab.*	

4	**Préparation du sous-pont gauche :** Plier endroit contre endroit la ligne de pliure du sous-pont gauche et piquer le bas de la patte d'un bout à l'autre à 1 cm. Dégarnir l'angle et retourner. Repasser. *Left fly tab preparation :* *With right sides together, fold the left fly tab, stitch along the bottom of the tab at 1 cm from the edge.* *Trim excess seam allowance at angle and turn.* *Iron.*	

5	Sur l'envers du devant droit, placer le sous-pont préparé à 0.3 cm du milieu devant et épingler. En suivant le bord du sous-pont, piquer une double surpiqûre (couteau de la braguette) pour maintenir le sous-pont au devant. Pour réussir une surpiqûre régulière, on peut utiliser un gabarit en carton correspondant à la valeur et au dessin du couteau fini et le poser sur le montage afin de suivre sa forme. *On the wrong side of the right front, place the right fly tab at 0.3 cm from the center front line and pin.* *Sew a double row of topstitching along the curved edge of the fly tab, maintaining tab to right front.* *For straight and regular topstitching, a cardboard template can be used.*	3 mm

6	Poser le bord externe du sous-pont gauche endroit contre endroit du devant gauche à 1 cm du bord en suivant les crans à la taille et le décochement du couturage en bas de braguette (de A à B). Piquer à 1 cm d'un bout à l'autre. Surfiler les trois couturages en une fois. *With right sides together, place the edge of the left fly tab on to the left front, following the notches at waistline and the angle at fly bottom (from A to B).* *Stitch at 1 cm from the edge along fly opening.* *Overlock the three seam allowances together.*	
7	Retourner sur l'endroit en couchant les coutures vers le pantalon. Piquer nervure le pantalon, au bord du sous-pont gauche. *Turn to right side of fabric, folding the seam allowances towards the sides of trousers.* *Sew a row of ribbed topstitching on trousers along the edge of left fly tab.*	

8	Placer le milieu devant droit sur le milieu devant gauche en mettant le milieu droit sur le cran du milieu devant gauche. Epingler. Maintenir le bas du sous-pont gauche par une barre sur la courbe de surpiqûre (voir schéma). Repasser. *Place the right center front notch on to the left center front notch.* *Pin.* *Maintain the bottom of the left fly tab with reinforcement stitches or bar tacks along the topstitched curve (see diagram).* *Iron.*	
9	Poser les boutons sur le sous-pont gauche à l'emplacement des pointages prévus à cet effet. Repassage final. *Sew buttons on the marker points on the left fly tab.* *Final ironing.*	

NOTES /

Elaborer...

Tracé Braguette à boutons pour pantalon jeans
Outline for trouser button fly for jeans

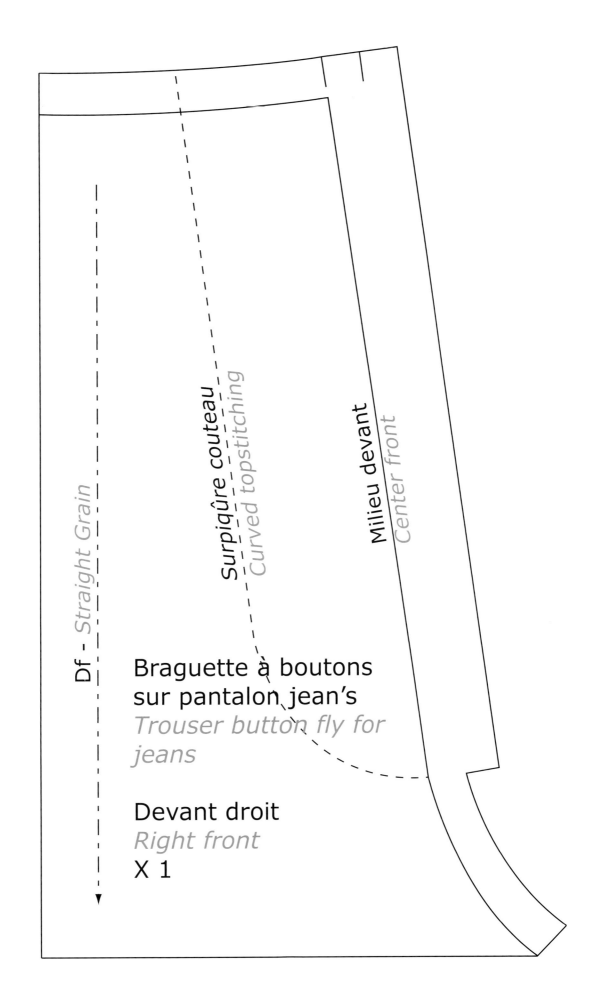

Df - *Straight Grain*

Surpiqûre couteau
Curved topstitching

Milieu devant
Center front

Braguette à boutons sur pantalon jean's
Trouser button fly for jeans

Devant droit
Right front
X 1

Tracé Braguette à boutons pour pantalon jeans
Outline for trouser button fly for jeans

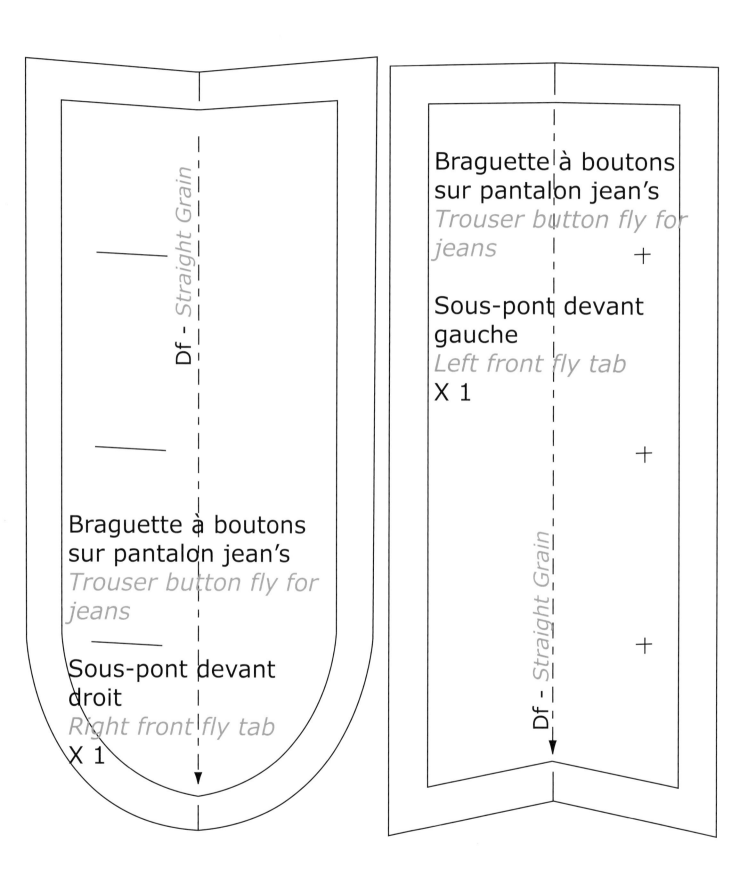

Df - *Straight Grain*

Braguette à boutons sur pantalon jean's
Trouser button fly for jeans

Sous-pont devant droit
Right front fly tab
X 1

Braguette à boutons sur pantalon jean's
Trouser button fly for jeans

Sous-pont devant gauche
Left front fly tab
X 1

Df - *Straight Grain*

Tracé Braguette à boutons pour pantalon jeans
Outline for trouser button fly for jeans

Milieu devant
Center front

Df - *Straight Grain*

Braguette à boutons sur pantalon jean's
Trouser button fly for jeans

Devant gauche
Left front
X 1

BRAGUETTE AVEC ZIP ET SOUS-PONT + CEINTURE AVEC HAUSSE OU CEINTURE ANGLAISE

TROUSER ZIPPER FLY WITH SEPARATE TAB + RIBBON-BACKED WAISTBAND

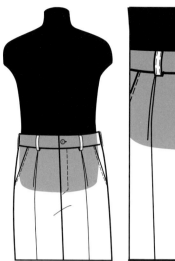
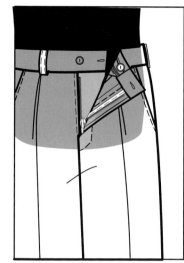

Eléments nécessaires :

- 1 zip de 16 ou 18 cm
- 2 devants (tissu)
- 2 dos (tissu)
- 1 pont pour devant gauche (tissu)
- 1 sous-pont pour devant droit (tissu)
- 1 garniture de sous-pont devant droit (percaline ou poltaise)
- 1 ceinture droite (tissu)
- 1 ceinture gauche (tissu)
- 1 allonge de ceinture gauche (tissu)
- 1 hirondelle (percaline ou poltaise)
- Du ruban de biais
- Du thermocollant

Necessary elements :

- 1 zipper either 16 cm or 18 cm long
- 2 fronts (fabric)
- 2 backs (fabric)
- 1 left front fly flap (fabric)
- 1 right front fly tab (fabric)
- Facing for right front fly tab (percaline or pocketing fabric)
- 1 right waistband (fabric)
- 1 left waistband (fabric)
- 1 left waistband extension (fabric)
- ½ circle reinforcement (percaline)
- Bias tape
- Interfacing

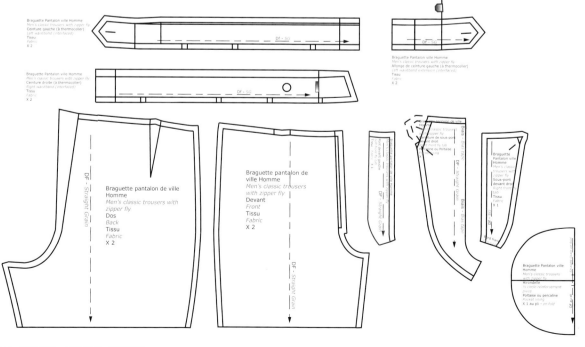

N°	**Opérations** *Procedures*	**Schémas** *Diagrams*
1	Surfiler les pièces à assembler sur les lignes de côté, d'enfourchure et d'entrejambe. *Overlock the pieces to be assembled at side seams, crotch seams and inseams.*	
2	Thermocoller la garniture de sous-pont devant droit ainsi que toutes les parties de ceinture. *Interface percaline for right front fly tab as well as all other waistband pieces.*	
3	Assembler les 2 devants endroit contre endroit du milieu de la courbe d'enfourchure jusqu'à 1 cm au dessus du décroché (Point A). Point d'arrêt. Le montage de la braguette se fait avant le montage des jambes afin de garder le plus longtemps possible le travail à plat. On laissera donc une partie de l'enfourchure dégagée afin de permettre le montage de l'entrejambe devant et dos et pouvoir finir l'assemblage de l'enfourchure. *With right sides together, assemble the 2 fronts from the middle of the crotch seam curve until 1 cm above the angle (Point A). Backstitch.* *The fly zipper assembly is completed before the trouser legs are assembled, allowing the front pieces to remain flat.* *Therefore, part of the crotch seam will be left partially open to facilitate the inseam assembly, and then completed.*	A
4	Poser du ruban de biais à cheval sur les bords francs du pont devant gauche et de la garniture du sous-pont devant gauche (selon l'un des deux schémas). *Place the bias tape enclosing the raw seam edges on the left front fly flap and on the right front fly tab. (See diagrams.)*	

Elaborer...

5	Poser l'endroit du zip sur le devant droit en plaçant le bord de la maille sur le milieu devant décalé (0.5 cm). Puis ajouter le sous-pont devant droit par-dessus, au bord du couturage du devant droit endroit contre endroit. Epingler et piquer à 1 cm jusqu'au décranté du couturage du devant (Point A). *Place the right side of the zipper on the right front maintaining the zipper coils along the shifted center front line (0.5 cm).* *Then place the right front fly tab on top of the zipper along seam edge, with right sides of fabric together.* *Pin and stitch at 1 cm from the edge until Point A, at bottom of zipper.*	
6	Surfiler le long du zip les deux épaisseurs de couturages. *Along the zipper length, overlock the two seam allowance layers together.*	
7	Retourner le zip et le sous-pont vers l'endroit en couchant les couturages vers le devant droit. Repasser. *Turn the zipper and the fly tab towards the right side of fabric folding the seam allowances towards the right front.* *Iron.*	
8	Poser le pont sur le devant gauche endroit contre endroit et piquer à 1 cm jusqu'au décranté du couturage du devant (Point A). Point d'arrêt. *With right sides together, place the left front fly flap on the left front piece and stitch at 1 cm from the edge, until Point A. Backstitch.*	

9	Dégarnir le couturage du pont à 0.5 cm. Retourner le pont vers l'endroit du pantalon et nervurer le bord du montage à 0.1 cm sur l'endroit, en laissant les couturages vers le pont. *Trim the seam allowance on the left front fly flap at 0.5 cm.* *Turn the flap towards the right side of trousers and sew a row of ribbed topstitching at 0.1 cm from the seam on the right side of fabric. Fold seam allowance towards the flap.*	
10	Préformer le retour de la braguette du devant gauche et repasser en suivant les crans. Epingler milieu devant gauche sur milieu devant droit. *Prepare the left front fly opening by ironing along center front (follow notches).* *Pin the left center front line on the right center front line.*	Devant droit / *Right front* — Devant gauche / *Left front*
11	Retourner le montage pour voir l'envers et écarter le sous-pont du devant droit (épingler), épingler la deuxième partie du ruban du zip sur le pont et le piquer à 0.5 cm sur le pont du devant gauche de B à C. Oter les épingles. *Turn to the wrong side and pin the right front fly tab. Pin the second part of the zipper tape to the left front fly flap and stitch at 0.5 cm from the edge between B and C.* *Remove pins.*	B ... C

12	**Préparation des passants :** Couper une bande de tissu droit fil correspondant en longueur au nombre de passants prévu dans le modèle et en largeur à trois fois la largeur finie. Longueur d'un passant = hauteur de ceinture + 1 cm (pour l'épaisseur de la ceinture) + 1 cm de couturage de chaque côté (soit pour une ceinture de 3.5 cm, un passant de 6.5 cm de longueur). **Pantalon d'homme : 6 passants (1 sur chaque Df devant, 1 sur chaque ligne de côté, un sur chaque Df dos. Jamais sur le milieu dos, cette ligne servant de ligne de retouche).** *Belt loops (preparation) :* *Cut a strip of fabric on the straight grain, corresponding in length to the number of belt loops and equal to 3 X the finished belt loop width.* *1 Belt loop length = waistband width + 1 cm (for waistband thickness) + 1 cm of seam allowance at each end (waistband width 3.5 cm = belt loop length 6.5cm).* *Men's trousers: 6 belt loops (1 on each front straight grain line, 1 at each side seam, and 1 on each back straight grain line. Never place a belt loop on the center back line, as it is often used for alterations).*	
13	Surfiler une des longueurs de la bande de passants. *Overlock one edge of the belt loop strip.*	
14	Plier cette bande dans le sens de la longueur en trois parties égales. Repasser la partie droite vers la partie centrale envers contre envers et la partie gauche sur la partie droite envers contre endroit. *Fold the belt loop strip lengthwise into 3 equal parts.* *With wrong sides together, iron the right part towards the center part. Then iron the left part on the right part, with the wrong side against the right side of fabric.*	
15	Piquer nervure de chaque côté de la bande sur toute la longueur. *Sew a row of ribbed topstitching on either side of the belt loop strip.*	

16	Découper les passants en parties égales selon la longueur calculée précédemment. *Cut the belt loops according to the previously determined length.*	
17	**Préparation de la ceinture :** Positionner chaque passant endroit contre endroit sur le haut de la ceinture droite et de la ceinture gauche. Epingler. ***Waistband Preparation :*** *With right sides of fabric together, place each belt loop on the upper edge of the right and left waistbands. Pin.*	
18	Placer l'envers de la hausse de ceinture sur l'endroit du haut de la ceinture (avec passants épinglés) et piquer en zig zag le bord de la hausse sur le cm de couturage de la ceinture. *Place the wrong side of the ribbon-backing on the right side of the upper waistband edge (with the pinned belt loops), and using a zig-zag stitch, sew the edge of the ribbon-backing to the waistband seam allowance value.*	Hausse *Ribbon backing* Ceinture *Waistband*
19	Coulisser endroit contre endroit l'allonge de la ceinture gauche en partant du milieu devant en bas de la ceinture (A). Remonter la piqûre le long de la forme en capucin et finir le haut en repliant la valeur du pont sur l'endroit. Commencer et terminer la piqûre par un point d'arrêt. Cranter et dégarnir le couturage de l'allonge selon le schéma. *With right sides of fabric together, stitch the left waistband extension to the left waistband. Begin at center front on the lower part of waistband (A), follow the triangular shape and finish at the upper part of waistband (center front) folding the flap on the right side. Begin and end the stitching using a backstitch.* *Trim the seam allowance around the extension (see diagram).*	A

les systèmes de fermeture

Elaborer...

20	Assembler le bas de la ceinture droite sur la jambe droite endroit contre endroit à 1 cm, en prenant les passants dans le couturage, du milieu dos (avec couturage) au bout du sous-pont. N.B. Garder les couturages de braguette vers le pantalon. *With right sides together, assemble the lower part of the right waistband to the upper part of right leg, stitching the belt loops into the seam at 1 cm from the edge. Begin at center back (including seam allowance) and stitch to the end of fly tab.* *Note: Maintain the fly tab seam allowances folded towards the trousers.*	
21	Remonter la ceinture vers le haut et repasser les couturages vers la ceinture. *Unfold the waistband upwards and iron the seam allowances towards the waistband.*	Hausse *Ribbon backing* Ceinture *Waistband* Pantalon *Trouser*
22	Assembler le bas de la ceinture gauche sur la jambe gauche, en prenant les passants dans le couturage, du milieu dos (avec couturage) au cran de montage de l'allonge (A). Terminer par un point d'arrêt. *Assemble the lower part of the left waistband to the upper part of the left leg, stitching the belt loops into the seam from the center back (including seam allowance) to the assembly notch on the extension (Point A).* *Backstitch at Point A.*	

23	Reprendre le couturage de l'autre côté de l'allonge et assembler au haut du pont en retournant le couturage (4 cm) sur l'envers du pont, piquer les trois épaisseurs en même temps, du point A au bout du pont. *Go back to the seam allowance on the other side of the extension and assemble the upper part of the flap by turning the seam allowance (4 cm) on to the wrong side of the flap. Stitch the three layers together, from Point A to the end of the flap.*	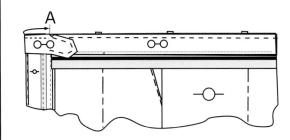
24	Ressortir le pont du montage de la ceinture et retourner l'allonge sur l'endroit. Repasser les couturages vers la ceinture. *Pull out the flap from the waistband and turn the extension on the right side of fabric.* *Iron the seam allowances towards the waistband.*	
25	**Agraffe jockey :** Positionner la partie mâle de l'agrafe Jockey comme sur le schéma en prenant les deux épaisseurs de l'allonge. ***Hook and Bar fastener :** Place the hook on the extension (see diagram) and sew to the two layers of the extension.*	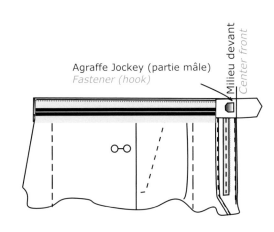 Agraffe Jockey (partie mâle) *Fastener (hook)* Milieu devant *Center front*
26	En positionnant un gabarit de couteau de braguette le long du milieu devant gauche, piquer la forme du couteau en terminant par un point d'arrêt en point barre. *Place a pre-formed cardboard template along the left center front, and sew the topstitching curve using a bar tack at the end.*	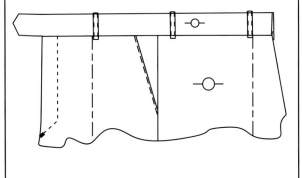

27	Poser la garniture du sous-pont sur le sous-pont du pantalon endroit contre endroit et piquer à 1 cm à partir du biais le long de la hausse de ceinture jusqu'au bout du sous-pont. Dégarnir le couturage de la garniture à 0.5 cm et retourner sur l'endroit. Repasser. *With right sides together, place the right front pocket lining on top of the right front trouser fly tab. Stitch at 1 cm from the edge, from the bias tape along the ribbon-backing to the end of the fly tab.* *Trim the seam allowance around the pocket lining fly tab at 0.5 cm and turn it to the right side of fabric.*	
28	Retourner sur l'envers le couturage restant en bas de la garniture et piquer nervure. *Turn the remaining seam allowance to the wrong side of pocket lining and sew a row of ribbed topstitching.*	
29	Positionner la partie femelle de l'agrafe Jockey comme sur le schéma en prenant uniquement la partie externe de la ceinture (sans la garniture). Puis piquer nervure le long de la piqûre de montage du zip en prenant toutes les épaisseurs (avec la garniture). *Place the Bar Fastener (see diagram) and sew to the exterior part of the waistband (without the pocket lining).* *Sew a row of ribbed topstitching along the zipper maintaining all layers together (including pocket lining).*	
30	Assembler les lignes d'entrejambe devant et dos endroit contre endroit. Repasser coutures ouvertes. *With right sides together, stitch the front and back inseams together.* *Iron seam allowance open.*	

31	Assembler endroit contre endroit le reste de l'enfourchure (côté dos) en remontant de l'enfourchure devant jusqu'au bout de la hausse ou de la ceinture anglaise et en suivant la valeur de couturage (avec ou sans relarge). N.B. Piquer deux fois à 1 mm d'intervalle pour consolider la piqûre. La boite d'enfourchure peut être soutenu par un fin droit fil de A à B. *With right sides together, finish the back crotch seam assembly. Begin stitching at the front crotch until the top part of the ribbon-backing and following the seam allowance value (with or without extra seam allowance value).* *Note: Stitch twice at a 1 mm interval to reinforce the seam.* *The crotch seam can also be reinforced with a straight grain cotton twill tape from A to B.*	
32	Rabattre la valeur de relarge en angle droit sur l'envers de chaque côté de la ceinture milieu dos. Ouvrir la couture milieu dos jusqu'à la courbe de l'enfourchure. *At center back, fold the extra seam allowance value at a right angle on the wrong side of the left and right waistbands.* *Iron open center back seam to the crotch curve.*	
33	Rabattre la ceinture anglaise en la faisant rouler de 0.3 cm sur l'envers et la maintenir au couturage de la ceinture par un point de chausson en ourlet invisible. N.B. Prendre garde à la régularité de la hauteur de la ceinture. *Fold the ribbon-backing on the wrong side of waistband by rolling it 0.3 cm below the foldline. Sew it to the waistband seam allowance with an invisible catch stitch.* *Pay careful attention to maintain an even waistband width.*	

34	Placer le bout de la garniture de sous-pont à cheval sur l'enfourchure du devant et la maintenir par un point de croix dans la valeur de couturage de l'enfourchure. *Place the end of the front pocket lining fly tab on either side of the front crotch seam and stitch to seam allowance using a cross stitch.*	
35	Placer par-dessus l'hirondelle pliée en deux et surfilée à cheval sur la boite d'enfourchure de façon à la maintenir sur les couturages d'entrejambe (A) et sur le couturage d'enfourchure (B et C) par un point machine sur 1 cm. *Fold the 1/2 circle reinforcement piece in two, overlock the curved edge, and place it astride the crotch seam. Maintain it to the inseam seam allowance (A) and the crotch seam allowance (B and C) with a machine stitch at 1 cm from the edge.*	
36	Faire la ou les boutonnières. Coudre le ou les boutons. Repassage final. *Make buttonhole (buttonholes) and sew button (buttons) according to pattern markings. Final ironing.*	

NOTES /

Tracé de braguette Pantalon ville Homme avec ceinture
Outline for men's classic trousers with zipper fly and waistband

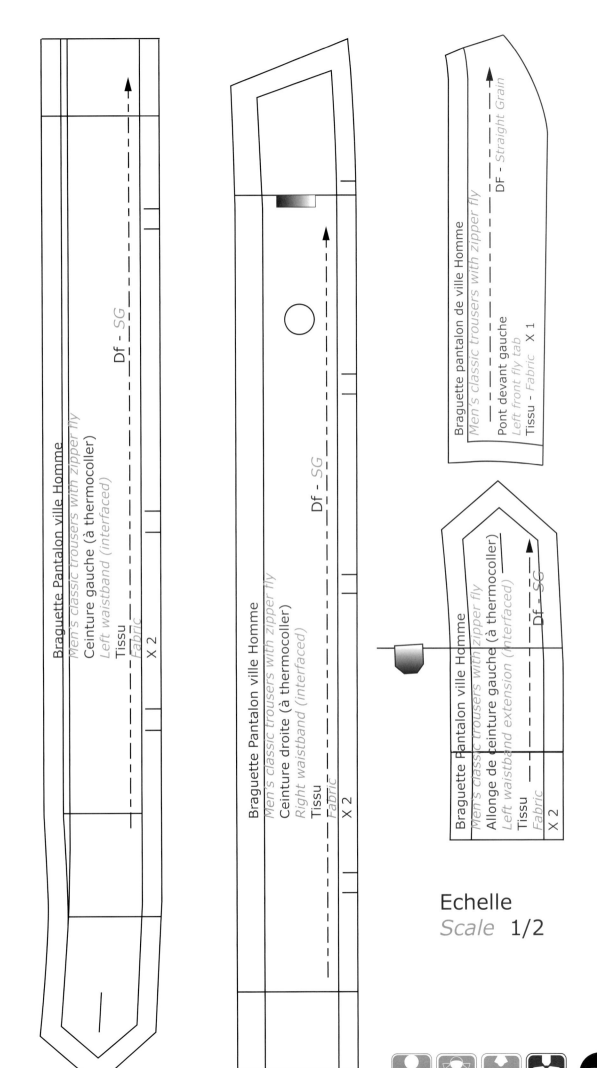

Braguette Pantalon ville Homme
Men's classic trousers with zipper fly
Ceinture gauche (à thermocoller)
Left waistband (interfaced)
Tissu
Fabric
X 2

Df – SG

Braguette Pantalon ville Homme
Men's classic trousers with zipper fly
Ceinture droite (à thermocoller)
Right waistband (interfaced)
Tissu
Fabric
X 2

Df – SG

Braguette pantalon de ville Homme
Men's classic trousers with zipper fly
Pont devant gauche
Left front fly tab
Tissu - Fabric   X 1

DF - *Straight Grain*

Braguette Pantalon ville Homme
Men's classic trousers with zipper fly
Allonge de ceinture gauche (à thermocoller)
Left waistband extension (interfaced)
Tissu
Fabric
X 2

Df – SG

Echelle
Scale 1/2

53

Tracé de braguette Pantalon ville Homme avec ceinture
Outline for men's classic trousers with zipper fly and waistband

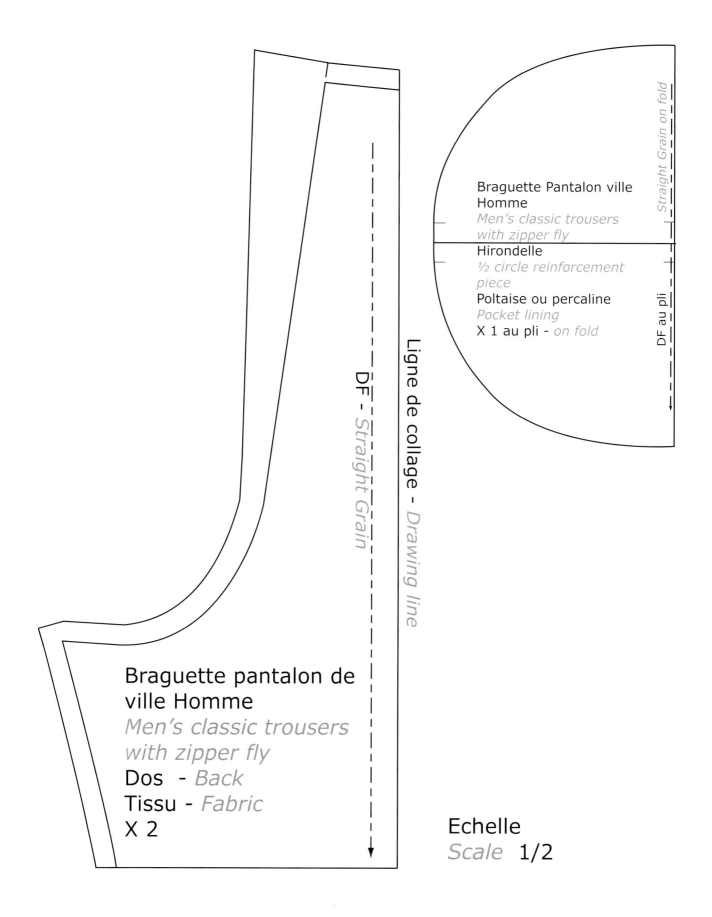

Braguette Pantalon ville Homme
Men's classic trousers with zipper fly

Hirondelle
½ circle reinforcement piece

Poltaise ou percaline
Pocket lining

X 1 au pli - *on fold*

Straight Grain on fold

DF au pli

DF - *Straight Grain*

Ligne de collage - *Drawing line*

Braguette pantalon de ville Homme
Men's classic trousers with zipper fly
Dos - *Back*
Tissu - *Fabric*
X 2

Echelle
Scale 1/2

Tracé de braguette Pantalon ville Homme avec ceinture
Outline for men's classic trousers with zipper fly and waistband

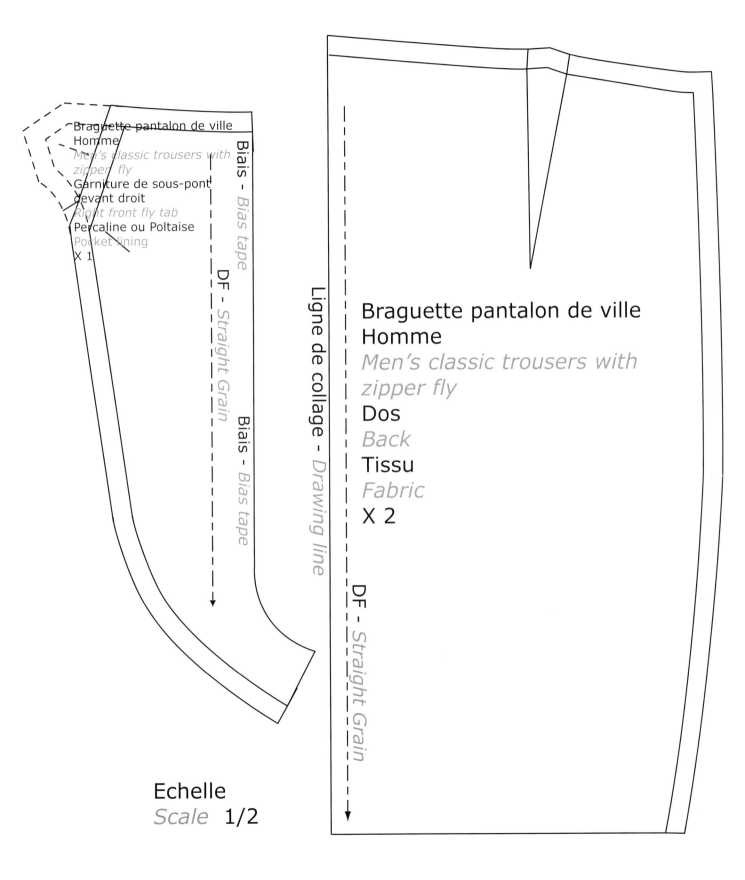

Braguette pantalon de ville Homme
Men's classic trousers with zipper fly
Garniture de sous-pont devant droit
Right front fly tab
Percaline ou Poltaise
Pocket lining
X 1

Biais - *Bias tape*

DF - *Straight Grain*

Biais - *Bias tape*

Ligne de collage - *Drawing line*

Braguette pantalon de ville Homme
Men's classic trousers with zipper fly
Dos
Back
Tissu
Fabric
X 2

DF - *Straight Grain*

Echelle
Scale 1/2

Tracé de braguette Pantalon ville Homme avec ceinture
Outline for men's classic trousers with zipper fly and waistband

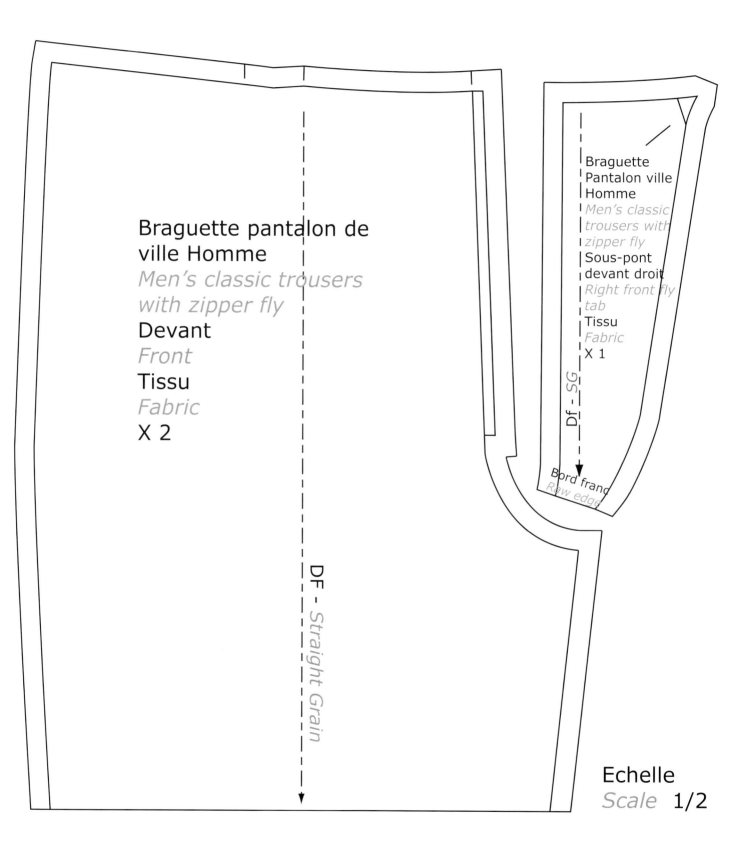

Braguette pantalon de ville Homme
Men's classic trousers with zipper fly
Devant
Front
Tissu
Fabric
X 2

DF - *Straight Grain*

Braguette Pantalon ville Homme
Men's classic trousers with zipper fly
Sous-pont devant droit
Right front fly tab
Tissu
Fabric
X 1

Df - *SG*

Bord franc
Raw edge

Echelle
Scale 1/2

BRAGUETTE À BOUTONS POUR PANTALON CASUAL
(HOMME)

MEN'S BUTTON FLY FOR CASUAL TROUSERS
(MEN'S GARMENTS)

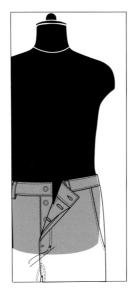
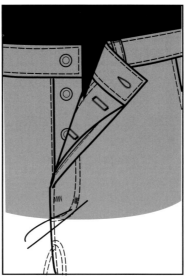

Eléments nécessaires :
- 2 devants selon modèle
- 1 sous-pont pour devant gauche
- 1 sous-pont pour devant droit
- 3 boutons

Necessary elements :
- *2 fronts according to garment design and style*
- *1 left front fly tab*
- *1 right front fly tab*
- *3 buttons*

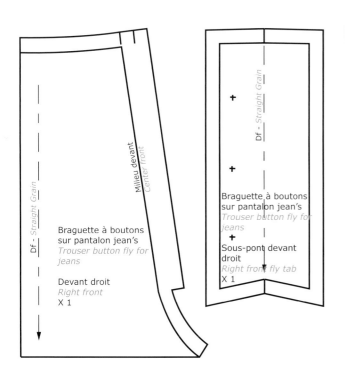

Df - *Straight Grain*

Milieu devant
Center front

Braguette à boutons
sur pantalon jean's
Trouser button fly for jeans

Devant droit
Right front
X 1

+

+

Df - *Straight Grain*

+

Braguette à boutons
sur pantalon jean's
Trouser button fly for jeans

+

Sous-pont devant
droit
Right front fly tab
X 1

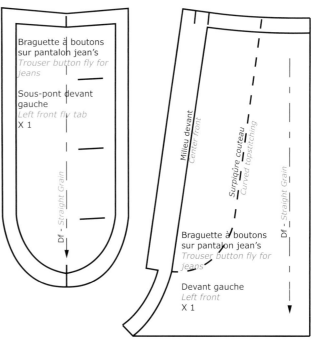

Braguette à boutons
sur pantalon jean's
Trouser button fly for jeans

Sous-pont devant
gauche
Left front fly tab
X 1

Df - *Straight Grain*

Milieu devant
Center front

Surpiqûre couteau
Curved topstitching

Df - *Straight Grain*

Braguette à boutons
sur pantalon jean's
Trouser button fly for jeans

Devant gauche
Left front
X 1

N°	Opérations *Procedures*	Schémas *Diagrams*
1	Assembler les 2 devants endroit contre endroit du milieu de la courbe d'enfourchure jusqu'à 1 cm au dessus du décroché (Point A). Point d'arrêt. Le montage de la braguette se fait avant le montage des jambes afin de garder le plus longtemps possible le travail à plat. On laissera donc une partie de l'enfourchure dégagée afin de permettre le montage de l'entrejambe devant et dos et pouvoir finir l'assemblage de l'enfourchure. *With right sides together, assemble the 2 fronts from the middle of the crotch seam curve until 1 cm above the angle (Point A). Backstitch. The button fly assembly is completed before the trouser legs are assembled, allowing the front pieces to remain flat. Therefore, part of the crotch seam will be left partially open to facilitate the inseam assembly, and then completed.*	A
2	Remplier le couturage du milieu devant gauche sur l'envers en suivant les crans portés sur la ligne de taille. Epingler et repasser. Piquer nervure sur l'endroit en écartant le couturage du devant droit. Finir la piqûre en angle sur le milieu devant avec un point d'arrêt. *On the left front piece, fold the seam allowance along center front on the wrong side of fabric following the notches on waistline. Pin and iron. Sew ribbed topstitching on the right side of fabric while holding aside the right front piece. Finish the topstitching by backstitching at center front (on a right angle).*	Devant droit *Right front* Devant gauche *Left front*

3	**Préparation du sous-pont gauche :** Plier envers contre envers la ligne de pliure du sous-pont gauche. Repasser, puis surfiler les deux épaisseurs du bord externe. Broder les boutonnières aux emplacements prévus à cet effet. *Left fly tab preparation :* *With wrong sides together, fold on left fly tab foldline.* *Iron, then overlock the two layers together along outer edge.* *Make the buttonholes where marked on the tab.*	
4	**Préparation du sous-pont droit :** Plier endroit contre endroit la ligne de pliure du sous-pont droit et piquer le bas de la patte d'un bout à l'autre à 1 cm. Dégarnir l'angle et retourner. Repasser. *Right fly tab preparation :* *With right sides together, fold on right tab foldline and stitch the tab bottom closed at 1 cm from the edge.* *Trim away excess at angle and turn.* *Iron.*	
5	Sur l'envers du devant gauche, placer le sous-pont préparé à 0.3 cm du milieu devant et épingler. En suivant le bord du sous-pont, piquer une double surpiqûre (couteau de la braguette) pour maintenir le sous-pont au devant. Pour réussir une surpiqûre régulière, on peut utiliser un gabarit en carton correspondant à la valeur et au dessin du couteau fini et le poser sur le montage afin de suivre sa forme. *On the wrong side of left front, place the left fly tab at 0.3 cm from the center front line.* *Using double topstitching, sew the fly tab to the left front following the fly tab edge.* *For straight and regular topstitching, a cardboard template can be used.*	3 mm

Elaborer...

6

Poser le bord externe du sous-pont droit endroit contre endroit du devant droit à 1 cm du bord en suivant les crans à la taille et le décochement du couturage en bas de braguette (de A à B).
Piquer à 1 cm d'un bout à l'autre.
Surfiler les trois couturages en une fois.

With right sides together, place the edge of the right fly tab along the edge of the right front following the notches at waistline and the angle at bottom of fly opening.
Stitch from A to B at 1 cm from the edge.
Overlock the 3 layers together.

7

Retourner sur l'endroit en couchant les coutures vers le pantalon.
Piquer nervure le pantalon, au bord du sous-pont droit.

Turn to right side of fabric folding the seam allowance towards trousers.
On the right trouser front, sew a row of ribbed topstitching along the edge of the right fly tab.

8	Placer le milieu devant gauche sur le milieu devant droit en mettant le milieu gauche sur le cran du milieu devant droit. Epingler. Maintenir le bas du sous-pont gauche par une barre sur la courbe de surpiqûre (voir schéma). Repasser. *Place the left center front notch on the right center front notch.* *Pin.* *Maintain the bottom of the left fly tab with reinforcement stitches or bar tacks along the topstitched curve (see diagram).* *Iron.*	
9	Poser les boutons sur le sous-pont droit à l'emplacement des pointages prévus à cet effet. Repassage final. *Sew buttons on marker points on the right fly tab.* *Final ironing.*	

Tracé Braguette à boutons sur pantalon casual
Outline for men's button fly for casual trousers

Df - *Straight Grain*

Milieu devant
Center front

Braguette à boutons sur pantalon jean's
Trouser button fly for jeans

Devant droit
Right front
X 1

Tracé Braguette à boutons sur pantalon casual
Outline for men's button fly for casual trousers

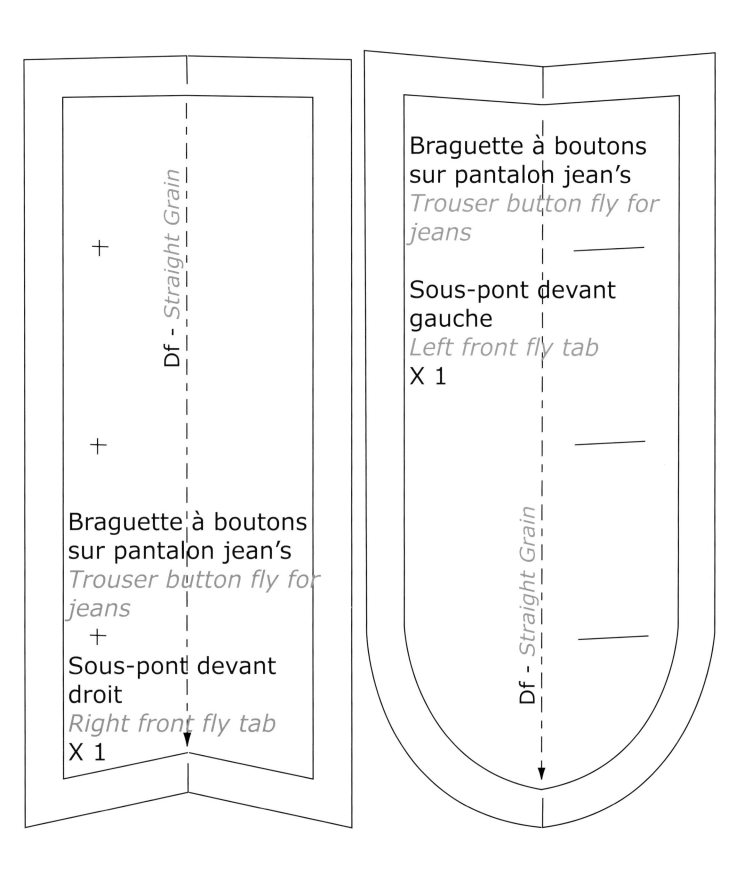

Df - Straight Grain

+

+

Braguette à boutons
sur pantalon jean's
*Trouser button fly for
jeans*
+
Sous-pont devant
droit
Right front fly tab
X 1

Braguette à boutons
sur pantalon jean's
*Trouser button fly for
jeans*

Sous-pont devant
gauche
Left front fly tab
X 1

Df - Straight Grain

Tracé Braguette à boutons sur pantalon casual
Outline for men's button fly for casual trousers

Milieu devant
Center front

Surpiqûre couteau
Curved topstitching

Df - *Straight Grain*

Braguette à boutons sur pantalon jean's
Trouser button fly for jeans

Devant gauche
Left front
X 1

Gabarit de couteau de pantalon à couper en carton
Cardboard template for trouser fly topstitching

Ligne de surpiqûre du couteau
Topstitching line

Gabarit de couteau de pantalon
Cardboard template for trouser fly topstitching
Largeur - *Width* = 3.5 cm.
Longueur zip - *Zipper length* = 18 cm.

Gabarit de couteau de pantalon
Cardboard template for trouser fly topstitching
Largeur - *Width* = 3 cm.
Longueur zip - *Zipper length* = 18 cm.

Gabarit de couteau de pantalon
Cardboard template for trouser fly topstitching
Largeur - *Width* = 2.5 cm.
Longueur zip - *Zipper length* = 18 cm.

Gabarit de couteau de pantalon
Cardboard template for trouser fly topstitching
Largeur - *Width* = 3.5 cm.
Longueur zip - *Zipper length* = 15 cm.

Gabarit de couteau de pantalon
Cardboard template for trouser fly topstitching
Largeur - *Width* = 3 cm.
Longueur zip - *Zipper length* = 15 cm.

Gabarit de couteau de pantalon
Cardboard template for trouser fly topstitching
Largeur - *Width* = 2.5 cm.
Longueur zip - *Zipper length* = 15 cm.

Tableaux des hauteurs de couteaux de braguettes de pantalon

Measurement chart : Trouser fly topstitching lengths

Les lignes de surpiqûres de braguette, que l'on appelle « couteau » en raison de la forme de cette piqûre qui rappelle la lame d'un couteau, sont toujours plus longues de 2 cm par rapport à la longueur de la fermeture à glissière afin de permettre au pied de biche de la machine à coudre de passer sous l'arrêt de la fermeture et non sur les mailles, ce qui abîmerait l'aiguille.

Les fermetures à glissière que l'on trouve dans le commerce sont graduées selon des longueurs normalisées : 8, 10, 12, 15, 18 et 20 cm ; puis de 5 cm en 5 cm, soit 25, 30, 35, 40, 45, 50, etc. L'industrie calibre ses fermetures à glissière en fonction des modèles en utilisant des rubans au mètre ou en faisant confectionner les fermetures à glissière par ses fournisseurs.

La longueur de la fermeture à glissière et donc celle du « couteau » dépendent évidemment de la place de la taille sur le modèle : à sa place, c'est-à-dire à l'emplacement de la taille sur le corps ou descendue, c'est-à-dire plus basse que la taille morphologique. Cet emplacement descendue peut se trouver de 2 à 4 cm plus bas selon le modèle et le sujet (Enfant, Homme, Femme).

The trouser fly topstitching length is always 2 cm longer than the zipper coils. This is to prevent the needle from breaking by ensuring the stitching is always on the zipper tape, and not on the coils.

Zippers are available in various lengths : 8, 10, 12, 15, 18, and 20 cm; then every 5 cm : 25, 30, 35, 40, 45, 50, etc. The ready-to-wear industry grades its zippers according to the garments or by ordering custom-made zippers from suppliers.

The zipper length and the trouser fly topstitching length depend on the waistline position on the garment. The waistline can be positioned at the true waistline or it can be lowered. A lowered waistline can be between 2 and 4 cm below the true waistline. This depends on the garment design and style and the subject (Children, Men or Women).

Femme – Women

Taille	Taille à sa place	Taille descendue (-3cm)
Size	*Topstitching length from waistline*	*Topstitching length from lowered waistline (- 4 cm)*
36	17	14
38	18	15
40	18.5	15.5
42	19	16
44	19.5	16.5

Homme – Men

Taille	Taille à sa place	Taille descendue (-4cm)
Size	*Topstitching length from waistline*	*Topstitching length from lowered waistline (- 4 cm)*
38	20	16
40	20	16
42	21	17
44	21	17
46	21	17

Enfant – Children

Age	Taille	Taille à sa place	Taille descendue (-2 cm)
Age	*Height*	*Topstitching length from waistline*	*Topstitching length from lowered waistline (- 2 cm)*
3m	**60**	10	8
6m	**68**	10.5	8.5
12m	**74**	11	9
18m	**80**	11.5	9.5
2	**86**	12	10
3	**98**	12.5	10.5
4	**104**	13	11
6	**116**	13.5	11.5
8	**128**	14	12
10	**140**	14.5	12.5
12	**152**	15	13
14	**164**	16	14

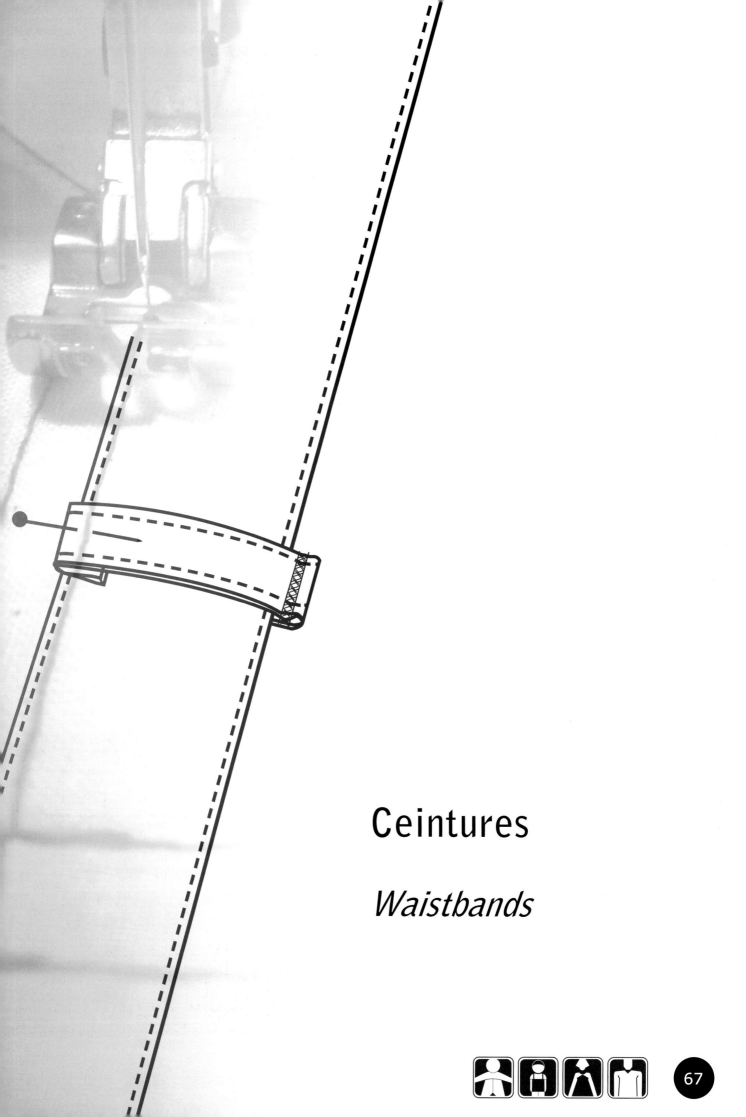

Ceintures

Waistbands

CEINTURE RABATTUE EN FORME
(SUR L'ENVERS AVEC SURFIL)
FITTED FELLED WAISTBAND
(TURNED TO INSIDE WITH OVERLOCKING)

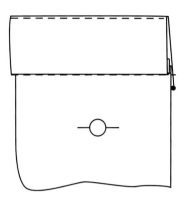
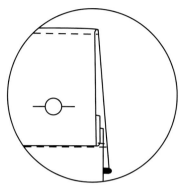

Eléments nécessaires :
- 1 haut de jupe ou pantalon
- 2 ceintures devant
- 2 ceintures dos gauche
- 2 ceintures dos droit

Necessary elements :
- *1 upper part of skirt or trousers*
- *2 front waistbands*
- *2 left back waistbands*
- *2 right back waistbands*

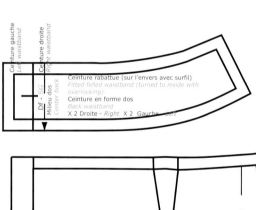

Ceinture gauche / *Left waistband*
Ceinture droite / *Right waistband*
Df - SG
Milieu dos / *Center back*

Ceinture rabattue (sur l'envers avec surfil)
Fitted felled waistband (turned to inside with overlocking)
Ceinture en forme dos
Back waistband
X 2 Droite - *Right* X 2 Gauche - *Left*

Ceinture rabattue (sur l'envers avec surfil)
Fitted felled waistband (turned to inside with overlocking)
Ceinture en forme devant
Front waistband
X 2 au pli
Df - SG
Milieu devant au pli / *Center front on fold*

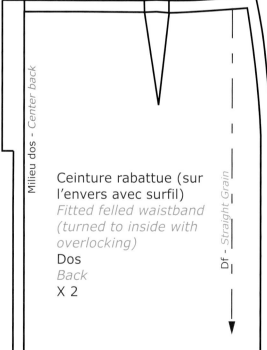

Milieu dos - *Center back*

Ceinture rabattue (sur l'envers avec surfil)
Fitted felled waistband (turned to inside with overlocking)
Dos
Back
X 2

Df - *Straight Grain*

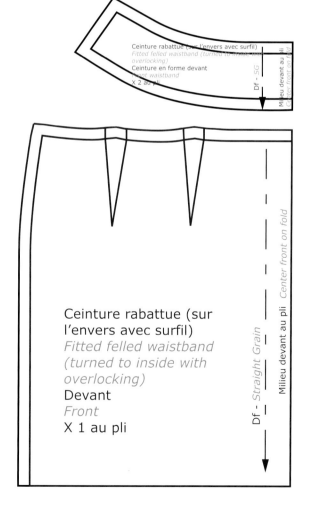

Ceinture rabattue (sur l'envers avec surfil)
Fitted felled waistband (turned to inside with overlocking)
Devant
Front
X 1 au pli

Df - *Straight Grain*

Milieu devant au pli / *Center front on fold*

N°	**Opérations** *Procedures*	**Schémas** *Diagrams*
1	Repasser la toile avant de couper les pièces. *Iron the muslin before cutting the pieces.*	
2	Préparer le haut de jupe ou de pantalon (fermetures des pinces, lignes de côtés, montage du zip milieu dos, braguette, par exemple). *Prepare the upper part of skirt or trousers (close darts, sew side seams, zipper assembly at center back, trouser fly zipper...).*	
3	Thermocoller les ceintures selon schéma. Le thermocollant dépasse la ceinture finie de 3 mm mais dégage le couturage. *Interface the waistbands (refer to diagram).The fusible interfacing overlaps the seamline by 0.3 cm but is cut out over the seam allowance.*	1 cm Ceinture gauche *Left waistband* Ceinture droite *Right waistband*
4	Assembler endroit contre endroit les lignes de côté devant et dos de ceinture de façon à constituer la ceinture du dessus et celle du dessous. Repasser coutures ouvertes. *With right sides together, assemble the front and back waistbands at side seams on both the inner and outer waistbands. Iron seams open.*	
5	Puis assembler endroit contre endroit le haut de la ceinture du bout de la ceinture dos au bout de la ceinture dos droite. Cranter les courbes, dégarnir le couturage de la partie interne puis repasser la ceinture, coutures ouvertes. *With right sides together, assemble the inner and outer waistbands along the upper edge, beginning at the left center back until the right center back. Clip the curves, trim the seam allowance on the inner curve and iron seams open.*	

Garnir...

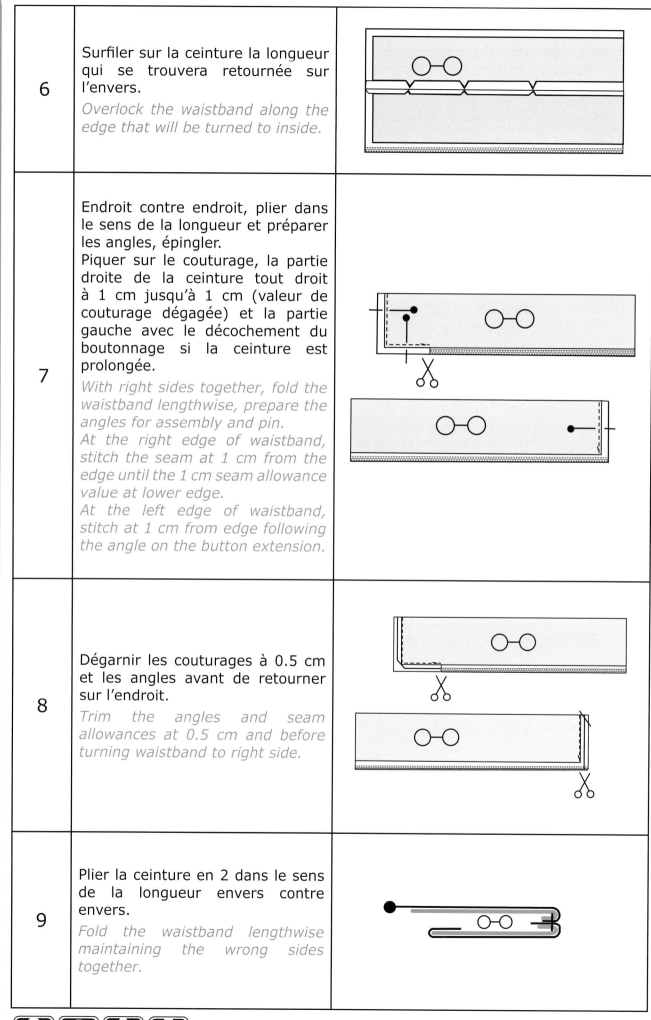

6	Surfiler sur la ceinture la longueur qui se trouvera retournée sur l'envers. *Overlock the waistband along the edge that will be turned to inside.*	
7	Endroit contre endroit, plier dans le sens de la longueur et préparer les angles, épingler. Piquer sur le couturage, la partie droite de la ceinture tout droit à 1 cm jusqu'à 1 cm (valeur de couturage dégagée) et la partie gauche avec le décochement du boutonnage si la ceinture est prolongée. *With right sides together, fold the waistband lengthwise, prepare the angles for assembly and pin.* *At the right edge of waistband, stitch the seam at 1 cm from the edge until the 1 cm seam allowance value at lower edge.* *At the left edge of waistband, stitch at 1 cm from edge following the angle on the button extension.*	
8	Dégarnir les couturages à 0.5 cm et les angles avant de retourner sur l'endroit. *Trim the angles and seam allowances at 0.5 cm and before turning waistband to right side.*	
9	Plier la ceinture en 2 dans le sens de la longueur envers contre envers. *Fold the waistband lengthwise maintaining the wrong sides together.*	

10	Assembler l'endroit de la ceinture sur l'endroit du vêtement à 1 cm (assemblage de la ceinture au vêtement). Dégarnir le couturage de la jupe à 0.5 cm pour diminuer les épaisseurs de montage. *Assemble the right side of the waistband to the right side of the garment at 1 cm from the edge (waistband assembly to garment).* *Trim the skirt seam allowance to 0.5 cm to decrease bulk for assembly.*	
11	Retourner et repasser. *Turn and iron.*	
12	Rabattre la ceinture sur l'envers du vêtement (le couturage surfilé va recouvrir le couturage de la ceinture). *Turn the waistband on to the wrong side of the garment (the overlocked edge will cover the waistband seam).*	
13	Replier le couturage surfilé de la ceinture à 45° de part et d'autre des angles de boutonnage pour dégager les montages de zip. Piquer sillon sur l'endroit. *Fold the overlocked waistband edge at a 45° angle on either side of the opening, in order to facilitate the zipper assembly.* *On right side of fabric, topstitch on seamline.*	
14	Repassage final. *Final ironing.*	

Garnir...

Tracé Ceinture rabattue en forme (sur l'envers avec surfil)
Outline for fitted felled waistband (turned to inside with overlocking)

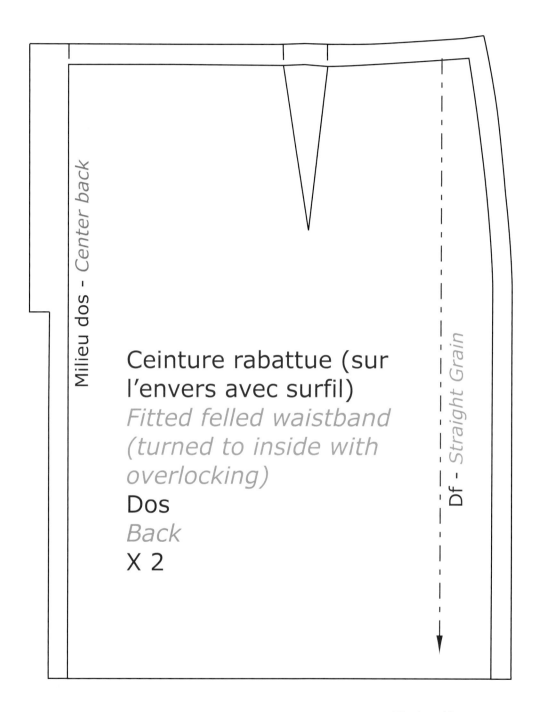

Milieu dos - *Center back*

Ceinture rabattue (sur l'envers avec surfil)
Fitted felled waistband (turned to inside with overlocking)
Dos
Back
X 2

Df - *Straight Grain*

Echelle
Scale 1/2

Tracé Ceinture rabattue en forme (sur l'envers avec surfil)
Outline for fitted felled waistband (turned to inside with overlocking)

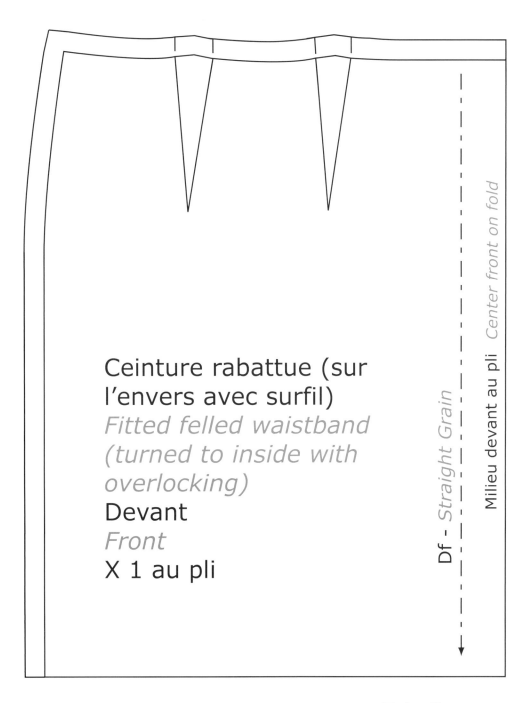

Ceinture rabattue (sur l'envers avec surfil)
Fitted felled waistband (turned to inside with overlocking)
Devant
Front
X 1 au pli

Df - *Straight Grain*

Milieu devant au pli *Center front on fold*

Echelle
Scale 1/2

Tracé Ceinture rabattue en forme (sur l'envers avec surfil)
Outline for fitted felled waistband (turned to inside with overlocking)

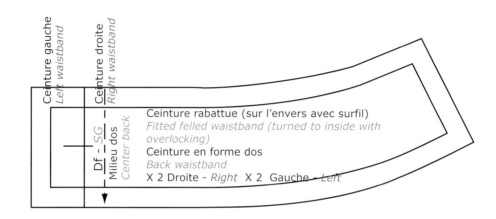

Ceinture gauche
Left waistband

Ceinture droite
Right waistband

Df - SG

Milieu dos
Center back

Ceinture rabattue (sur l'envers avec surfil)
Fitted felled waistband (turned to inside with overlocking)
Ceinture en forme dos
Back waistband
X 2 Droite - *Right* X 2 Gauche - *Left*

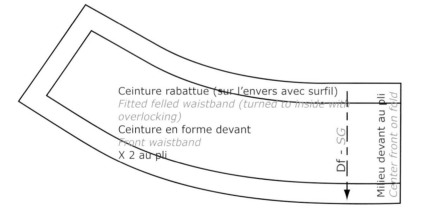

Ceinture rabattue (sur l'envers avec surfil)
Fitted felled waistband (turned to inside with overlocking)
Ceinture en forme devant
Front waistband
X 2 au pli

Df - SG

Milieu devant au pli
Center front on fold

Echelle
Scale 1/2

CEINTURE RABATTUE DROITE
(SUR L'ENDROIT EN PIQÛRE NERVURE)
STRAIGHT FELLED WAISTBAND
(TURNED TO OUTSIDE WITH RIBBED TOPSTITCHING)

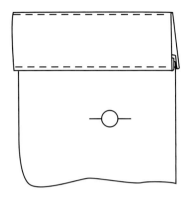 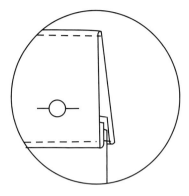

Eléments nécessaires :
- 1 haut de jupe ou pantalon
- 1 ceinture selon le modèle

Necessary elements :
- *1 upper part of skirt or trousers*
- *1 waistband cut according to garment design and style*

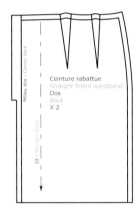 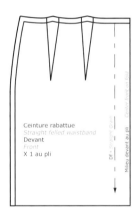

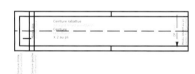

N°	Opérations *Procedures*	Schémas *Diagrams*
1	Repasser la toile avant de couper les pièces. *Iron the muslin before cutting the pieces.*	
2	Préparer le haut de jupe ou de pantalon (fermetures des pinces, lignes de côtés, montage du zip milieu dos, braguette, par exemple). *Prepare the upper part of skirt or trousers (close darts, sew side seams, zipper assembly at center back, trouser fly zipper…).*	
3	Thermocoller la ceinture selon schéma. Le thermocollant dépasse la ceinture finie de 3 mm mais dégage le couturage. *Interface the waistband (refer to diagram).The fusible interfacing overlaps the seamline by 0.3 cm but is cut out over the seam allowance.*	1 cm

4	Plier au fer sur l'envers les couturages (la longueur du haut et les deux largeurs de ceinture). *Using the iron, fold the seam allowances to the wrong side of fabric (along upper waistband edge and along each waistband end).*	
5	Endroit de la ceinture contre envers de la jupe, piquer à 1 cm la longueur de la ceinture sur le couturage non replié. *Place the right side of waistband against the wrong side of skirt, stitch at 1 cm from the lower, unfolded waistband edge.*	
6	Dégarnir le couturage de la jupe ou du pantalon à 0.5 cm avant de retourner la ceinture sur l'endroit pour diminuer les épaisseurs de montage. *Trim the skirt or trouser seam allowance to 0.5 cm before turning the waistband to the right side of fabric. This is to decrease bulk for assembly.*	
7	Emboîter les angles les uns dans les autres et préparer la hauteur de ceinture en recouvrant la piqûre d'assemblage. Epingler perpediculairement à la ligne de taille. *Turn waistband to right side of fabric, placing the edges on top of each other. Prepare waistband width by covering the waistband seam. Place pins perpendicular to the waistline.*	
8	Fermer le montage de la ceinture en piquant tout le bord de la ceinture en nervure. *Close the waistband with a row of ribbed topstitching along the outside edge.*	
9	Repassage final. *Final ironing.*	

Tracé Ceinture rabattue droite (sur l'endroit en piqûre nervure)
Outline for straight felled waistband
(turned to outside with ribbed topstitching)

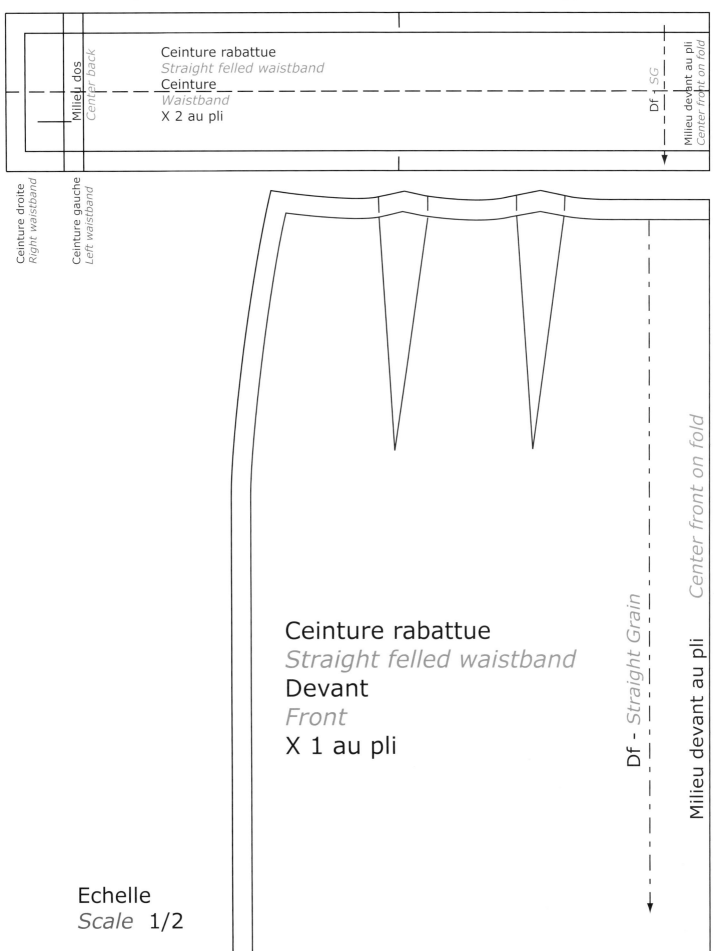

Ceinture rabattue
Straight felled waistband
Ceinture
Waistband
X 2 au pli

Milieu dos
Center back

Ceinture droite
Right waistband

Ceinture gauche
Left waistband

Df / SG

Milieu devant au pli
Center front on fold

Ceinture rabattue
Straight felled waistband
Devant
Front
X 1 au pli

Df - *Straight Grain*

Milieu devant au pli

Center front on fold

Echelle
Scale 1/2

Tracé Ceinture rabattue droite (sur l'endroit en piqûre nervure)
Outline for straight felled waistband
(turned to outside with ribbed topstitching)

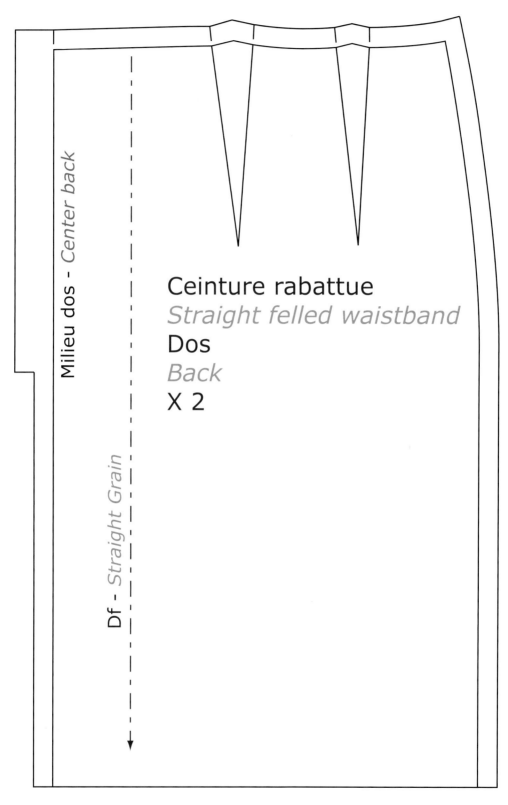

Milieu dos - *Center back*

Df - *Straight Grain*

Ceinture rabattue
Straight felled waistband
Dos
Back
X 2

Echelle
Scale 1/2

CEINTURE RABATTUE DROITE (SILLON SUR L'ENDROIT)

STRAIGHT FELLED WAISTBAND
(INVISIBLE TOPSTITCHING ON SEAMLINE ON RIGHT SIDE OF FABRIC)

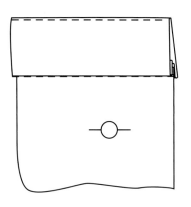
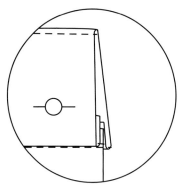

Eléments nécessaires :
- 1 haut de jupe ou pantalon
- 1 ceinture selon le modèle

Necessary elements :
- *1 upper part of skirt or trousers*
- *1 waistband cut according to garment design and style*

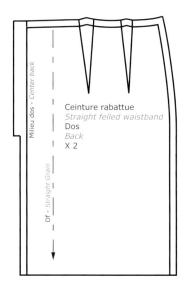

Milieu dos – *Center back*

Df – *Straight Grain*

Ceinture rabattue
Straight felled waistband
Dos
Back
X 2

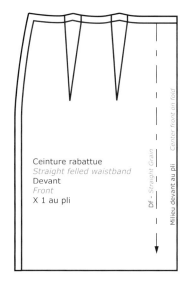

Ceinture rabattue
Straight felled waistband
Devant
Front
X 1 au pli

Df – *Straight Grain*

Milieu devant au pli – *Center front on fold*

Ceinture rabattue
Straight felled waistband
Ceinture
Waistband
X 2 au pli

Ceinture droite
Right waistband

Ceinture gauche
Left waistband

N°	**Opérations** *Procedures*	**Schémas** *Diagrams*
1	Repasser la toile avant de couper les pièces. *Iron the muslin before cutting the pieces.*	
2	Préparer le haut de jupe ou de pantalon (fermetures des pinces, lignes de côtés, montage du zip milieu dos, braguette, par exemple). *Prepare the upper part of skirt or trousers (close darts, sew side seams, zipper assembly at center back, trouser fly zipper…).*	

3	Thermocoller la ceinture selon schéma. Le thermocollant dépasse la ceinture finie de 3 mm mais dégage le couturage. *Interface the waistband (refer to diagram).The fusible interfacing overlaps the seamline by 0.3 cm but is cut out over the seam allowance.*	1 cm
4	Endroit contre endroit, plier dans le sens de la longueur et préparer les angles, épingler. Piquer sur le couturage, la partie droite de la ceinture tout droit à 1 cm jusqu'à 1 cm (valeur de couturage dégagée) et la partie gauche avec le décochement du boutonnage si la ceinture est prolongée. *With right sides together, fold the waistband lengthwise and prepare the angles for assembly, pin.* *At the right side of waistband, stitch the seam at 1 cm from the edge until the 1 cm seam allowance value at lower edge.*	Gauche - *Left* Droite - *Right* 1 cm
5	Dégarnir à 0.5 cm les couturages et les angles avant de retourner sur l'endroit. *Trim the angles and seam allowances at 0.5 cm before turning waistband to right side.*	
6	Plier la ceinture en 2 dans le sens de la longueur envers contre envers. Replier un des couturages de la longueur sur la valeur de couturage (1cm). *Fold the waistband lengthwise maintaining the wrong sides together.* *Re-fold one of the lengthwise seam allowance values 1 cm.*	

7	Assembler l'endroit de la ceinture (couturage non replié) sur l'endroit du vêtement à 1 cm (assemblage de la ceinture au vêtement). Dégarnir le couturage de la jupe ou du pantalon à 0.5 cm pour diminuer les épaisseurs de montage. *Assemble the right side of the waistband (unfold seam allowance) to the wrong side of the garment at 1 cm from the edge. (See WAISTBAND ASSEMBLY TO GARMENT.)* *Trim the seam allowance on the skirt or trousers 0.5 cm to reduce bulk.*	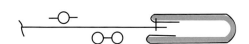
8	Retourner et repasser. *Turn and iron.*	
9	Rabattre la ceinture sur l'envers du vêtement en recouvrant de 1 mm la 1ère piqûre (piqûre de la figure 7). *Turn the waistband to the wrong side of garment covering the waistband seam (see waistband seam, diagram 7) by 1 mm.*	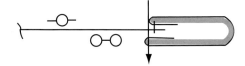
10	Piquer sillon sur l'endroit (piqûre nervure sur l'envers). *On right side of fabric, stitch a row of invisible topstitching on seamline which will appear as ribbed topstitching on wrong side of fabric.*	
11	Repassage final. *Final ironing.*	

Garnir...

Tracé Ceinture rabattue droite (sillon sur l'endroit)
Outline for straight felled waistband (invisible topstitching on seamline on right side of fabric)

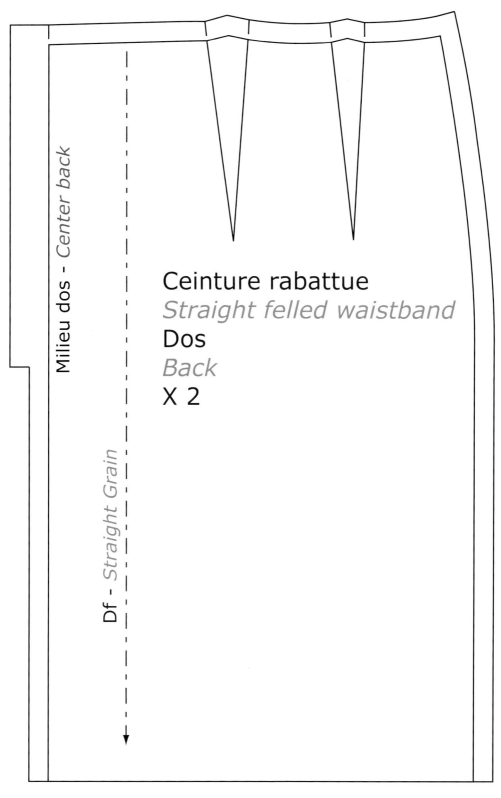

Milieu dos - *Center back*

Df - *Straight Grain*

Ceinture rabattue
Straight felled waistband
Dos
Back
X 2

Echelle
Scale 1/2

Tracé Ceinture rabattue droite (sillon sur l'endroit)
Outline for straight felled waistband (invisible topstitching on seamline on right side of fabric)

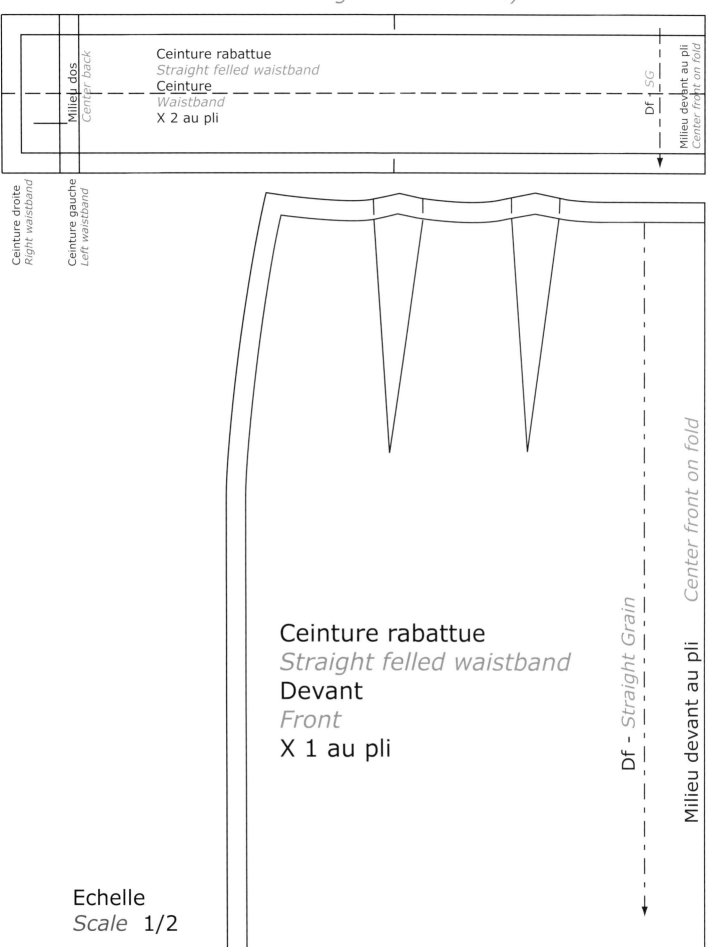

Milieu dos
Center back

Ceinture rabattue
Straight felled waistband
Ceinture
Waistband
X 2 au pli

Df *SG*

Milieu devant au pli
Center front on fold

Ceinture droite
Right waistband

Ceinture gauche
Left waistband

Ceinture rabattue
Straight felled waistband
Devant
Front
X 1 au pli

Df - *Straight Grain*

Milieu devant au pli

Center front on fold

Echelle
Scale 1/2

CEINTURE AVEC PASSANTS
WAISTBAND WITH BELT LOOPS

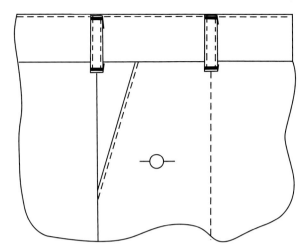

Eléments nécessaires :
- 1 haut de jupe ou pantalon
- 1 ceinture selon gabarit
- 1 bande de tissu pour fabriquer les passants

Necessary elements :
- *1 upper part of skirt or trousers*
- *1 waistband cut according to garment design and style*
- *1 strip of fabric to make belt loops*

N°	**Opérations** *Procedures*	**Schémas** *Diagrams*
1	**Préparation des passants :** Couper une bande de tissu droit fil correspondant en longueur au nombre de passants prévu dans le modèle et en largeur à trois fois la largeur finie. Longueur d'un passant = hauteur de ceinture + 1 cm (pour l'épaisseur de la ceinture) + 1 cm de couturage de chaque côté (soit pour une ceinture de 3.5 cm, un passant de 6.5 cm de longueur). **Pantalon de femme :** 5 passants (1 sur chaque Df devant, 1 sur chaque ligne de côté, un sur le milieu dos.) **Pantalon d'homme :** 6 passants (1 sur chaque Df devant, 1 sur chaque ligne de côté, un sur chaque Df dos. Jamais sur le milieu dos, cette ligne servant de ligne de retouche) *Belt loops (preparation) :* *Cut a strip of fabric on the straight grain, corresponding in length to the number of belt loops and equal to 3 X the finished belt loop width.* *1 belt loop length = 1 waistband width + 1 cm (for waistband thickness) + 1 cm of seam allowance at each end (waistband width 3.5 cm = belt loop length 6.5 cm).* *Women's trousers : 5 belt loops (1 on each front straight grain line, 1 at each side seam, 1 on the center back.)* *Men's trousers : 6 belt loops (1 on each front straight grain line, 1 at each side seam, and 1 on each back straight grain line. Never place a belt loop on the center back line, as it is often used for alterations).*	
2	Surfiler une des longueurs de la bande de passants. *Overlock one edge of the belt loop strip.*	

3	Plier cette bande dans le sens de la longueur en trois parties égales. Repasser la partie droite vers la partie centrale envers contre envers et la partie gauche sur la partie droite envers contre endroit. *Fold the belt loop strip lengthwise into 3 equal parts with wrong sides together. Iron the right part towards the center part, then iron the left part on to the right part, with the wrong side against the right side of fabric.*	
4	Piquer nervure de chaque côté de la bande sur toute la longueur. *Sew a row of ribbed topstitching on either side of the belt loop strip.*	
5	Découper les passants en parties égales selon la longueur calculée précédemment. *Cut the belt loops according to the previously determined length.*	
6	Poser chaque passant sur le vêtement endroit contre endroit sur leurs emplacements et piquer à 0.5 cm du bord (dans le couturage) pour les maintenir pendant le montage de la ceinture. *Place each belt loop on the garment where indicated (right sides together) and stitch at 0.5 cm from the edge. This will maintain belt loops in place during waistband assembly.*	

Garnir...

7	Assembler la ceinture (voir CEINTURE RABATTUE (Sur l'endroit en nervure ou sillon sur l'endroit ou surfilée sur l'envers) *Assemble waistband. See FELLED WAISTBAND. (Turned to outside with ribbed topstitching, invisible topstitching on seamline, or turned to inside with overlocking.).*
8	Lorsque le montage de la ceinture est fini, relever chaque passant sur le haut de la ceinture et maintenir par un point de bourdon (barre) en retournant la valeur de couturage sur l'envers. *When the waistband assembly is finished, fold each belt loop to the upper edge of waistband, turn the seam allowance value to the wrong side, stitch using a bar tack.* 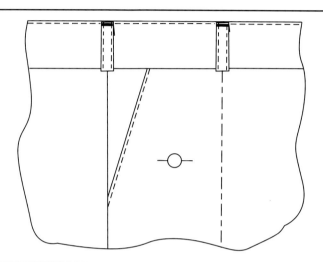
9	Repassage final. *Final ironing.*

Dans le cas d'une épaisseur de tissu trop importante, on placera le passant sur le vêtement et sur la ceinture et on l'appliquera par des barres de points bourdon.

When using a very thick fabric, the belt loops will be placed directly on the garment and waistband, and will be sewn using a bar tack.

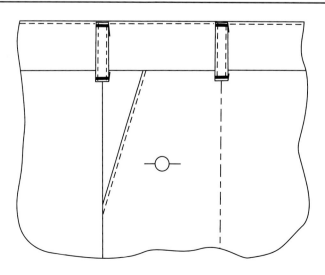

CEINTURE ÉLASTIQUÉE (ENFANT)
ELASTICIZED WAISTBAND (CHILDREN'S WEAR)

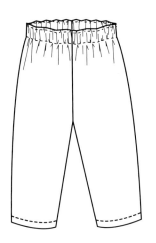
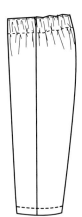
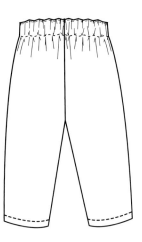

Eléments nécessaires :
- 2 devants de jupe ou pantalon
- 2 dos de jupe ou pantalon
- 1 bande élastique de 25 mm de hauteur (sur 41 cm de long en 6 mois, pour la pièce d'étude décrite ci-dessous)

Necessary elements :
- *2 fronts (skirt or trousers)*
- *2 backs (skirt or trousers)*
- *1 elastic band : (width: 25mm X length: 41cm, for this sample piece, size 6 months)*

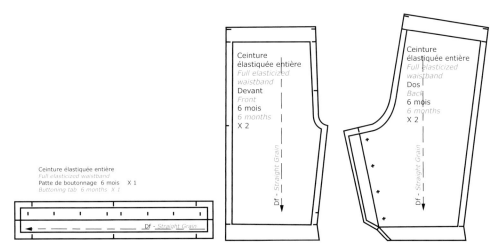

N°	Opérations *Procedures*	Schémas *Diagrams*
1	Repasser le tissu avant de couper les pièces. *Iron the fabric before cutting the pieces.*	
2	Préparer le haut de jupe ou de pantalon selon le modèle. Le tour de taille doit être reconstitué en cercle. *Prepare the upper part of skirt or trousers according to the garment design and style.* *The waist measurement should form a circle.*	

3

Fermer la bande élastique à 1 cm pour reconstituer le tour de taille.
Ouvrir les couturages et surpiquer de part et d'autre à 0.5 cm.
Pour solidifier, on peut encore piquer un point zig-zag à cheval sur la première couture.
Cette couture se placera sur le milieu dos.

Stitch the elastic band closed at 1 cm to form the final waist measurement.
Open the seam allowances and topstitch on either side at 0.5 cm from the seam.
To reinforce the seam, sew a zig-zag stitch astride the first seam.
This seam will be placed at the center back.

4

Préparer l'élastique en plaçant des épingles perpendiculairement à la longueur pour répartir le fronçage.
1ère épingle face à la couture = milieu devant, puis 1 épingle de part et d'autre à la moitié entre milieu devant et milieu dos = lignes de côté.

Place pins perpendicular to the elastic band length in order to distribute the gathering equally.
1st pin: marks the center front line. The 2nd and 3rd pins : mark the side seam lines (half-way between the center back and the center front).
4th pin at center back.

5

Vêtement :
Retourner sur l'envers le couturage de la ceinture (0.5 cm) et repasser cette valeur qui servira de butée au placement de l'élastique.

Garment :
Turn the seam allowance (0.5 cm) towards the wrong side of garment and iron. The elastic band will be positioned along the edge of this seam allowance.

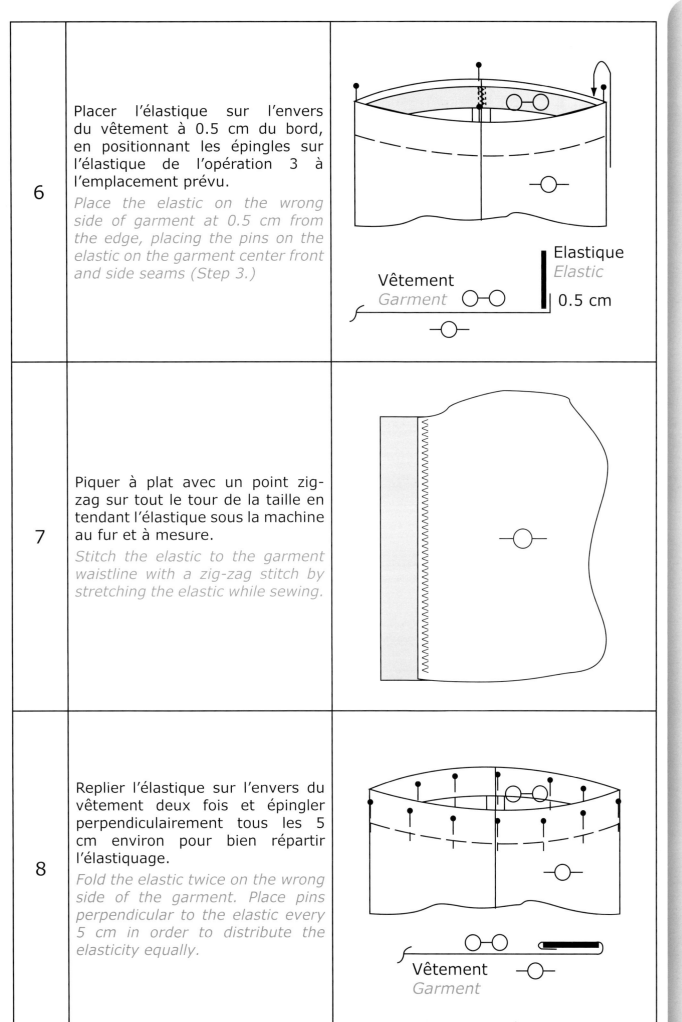

6	Placer l'élastique sur l'envers du vêtement à 0.5 cm du bord, en positionnant les épingles sur l'élastique de l'opération 3 à l'emplacement prévu. *Place the elastic on the wrong side of garment at 0.5 cm from the edge, placing the pins on the elastic on the garment center front and side seams (Step 3.)*	
7	Piquer à plat avec un point zig-zag sur tout le tour de la taille en tendant l'élastique sous la machine au fur et à mesure. *Stitch the elastic to the garment waistline with a zig-zag stitch by stretching the elastic while sewing.*	
8	Replier l'élastique sur l'envers du vêtement deux fois et épingler perpendiculairement tous les 5 cm environ pour bien répartir l'élastiquage. *Fold the elastic twice on the wrong side of the garment. Place pins perpendicular to the elastic every 5 cm in order to distribute the elasticity equally.*	

Elastique
Elastic
0.5 cm

Vêtement
Garment

Vêtement
Garment

Garnir...

9	Piquer nervure au bord de la pliure en tendant l'élastique et en positionnant le montage de façon à voir la garniture de l'élastique. N.B. La piqure nervure bloque l'élastique à sa place. *Sew a row of ribbed topstitching on the foldline while stretching the elastic. Note: The ribbed topstitching blocks the elastic in place, but is not stitched on the elastic.*	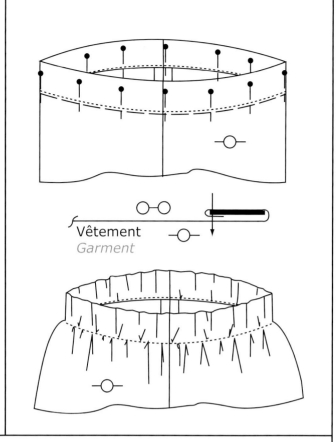 Vêtement *Garment*
10	NE PAS REPASSER. *DO NOT IRON.*	

NOTES /

Tracé Ceinture élastiquée entière
Outline for full elasticized waistband

Ceinture élastiquée entière
Full elasticized waistband
Patte de boutonnage 6 mois   X 1
Buttoning tab 6 months X 1
Df - *Straight Grain*

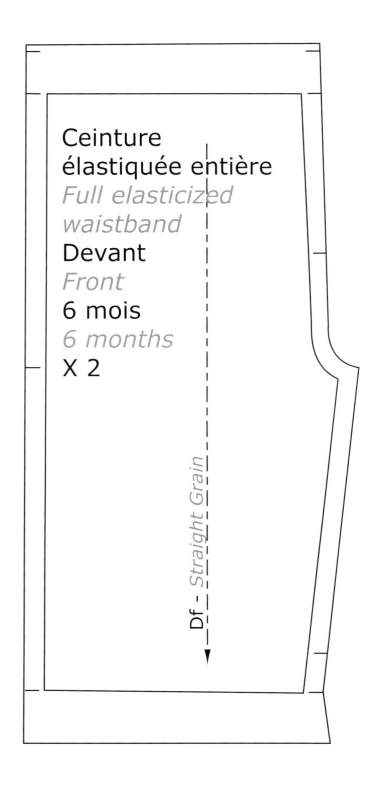

Ceinture
élastiquée entière
*Full elasticized
waistband*
Devant
Front
6 mois
6 months
X 2

Df - *Straight Grain*

Echelle 1/2
Scale 1/2

Tracé Ceinture élastiquée entière
Outline for full elasticized waistband

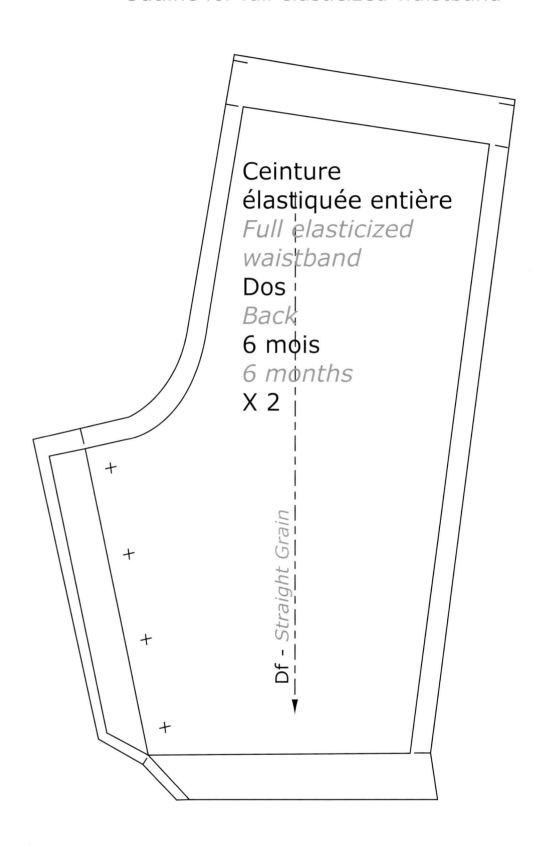

Ceinture
élastiquée entière
*Full elasticized
waistband*
Dos
Back
6 mois
6 months
X 2

Df - *Straight Grain*

Echelle 1/2
Scale 1/2

CEINTURE ÉLASTIQUÉE DOS SANS RÉGLAGE (ENFANT)
ELASTICIZED BACK WAISTBAND (NOT ADJUSTABLE)
(CHILDREN'S WEAR)

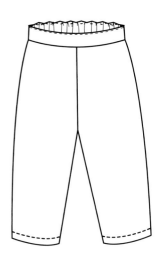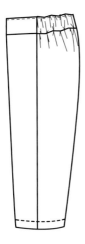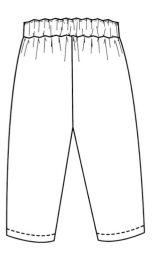

Eléments nécessaires :
- 2 devants de pantalon
- 2 dos de pantalon
- 1 ceinture devant
- 1 ceinture dos
- 1 bande élastique de 25mm de hauteur (sur 18.5 cm de long en 6 mois, pour la pièce d'étude décrite ci-dessous)

Necessary elements :
- *1 trouser front*
- *1 trouser back*
- *1 front waistband*
- *1 back waistband*
- *1 elastic band : (width: 25mm X length: 18.5 cm, for this sample piece, size 6 months)*

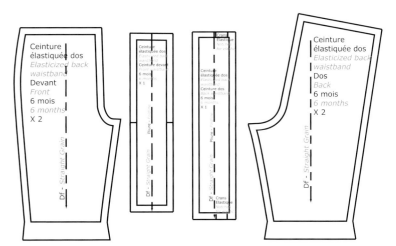

N°	Opérations *Procedures*	Schémas *Diagrams*
1	Repasser le tissu avant de couper les pièces. *Iron the fabric before cutting the pieces.*	
2	Préparer le haut de pantalon selon le modèle. Le tour de taille doit être reconstitué en cercle. *Prepare the upper part of trousers according to the garment design and style.* *The waist measurement should form a circle.*	

3	Poser la bande élastique sur l'envers de la ceinture dos en épinglant les deux extrémités en perpendiculaire entre les crans prévus à cet effet. La ceinture étant plus grande que la bande élastique, celle-ci va se rétracter. *Place the elastic band on the wrong side of the back waistband by pinning the two ends perpendicular to the notches.* *The waistband will retract, as the fabric is longer than the elastic.*	
4	Assembler endroit contre endroit à 1 cm les deux largeurs de la ceinture en insérant la bande élastique. Coucher les couturages vers le devant. La ceinture formant un cercle, surfiler la longueur opposée à l'élastique. *With right sides together, assemble the two waistband widths inserting the elastic band.* *Fold the seam allowances towards the front.* *The waistband forms a circle.* *Overlock the upper edge.*	
5	**Vêtement :** Poser la ceinture sur le haut de pantalon endroit contre endroit en plaçant la partie élastiquée sur la taille de pantalon. Respecter la position des crans et épingler en perpendiculaire à la ligne de taille. ***Garment :*** *With right sides together,* *Place the waistband on the upper part of the trousers placing the elastic on the trouser waistline.* *Match notches and place pins perpendicular to the waistline.*	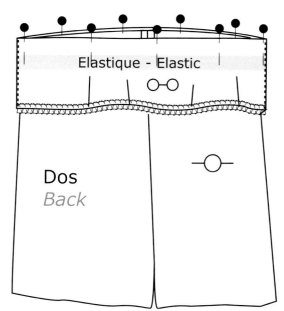

6	Assembler à 1 cm tout le tour de taille puis repasser coutures ouvertes. *Assemble the waistline seam at 1 cm from the edge.* *Iron seam open.*	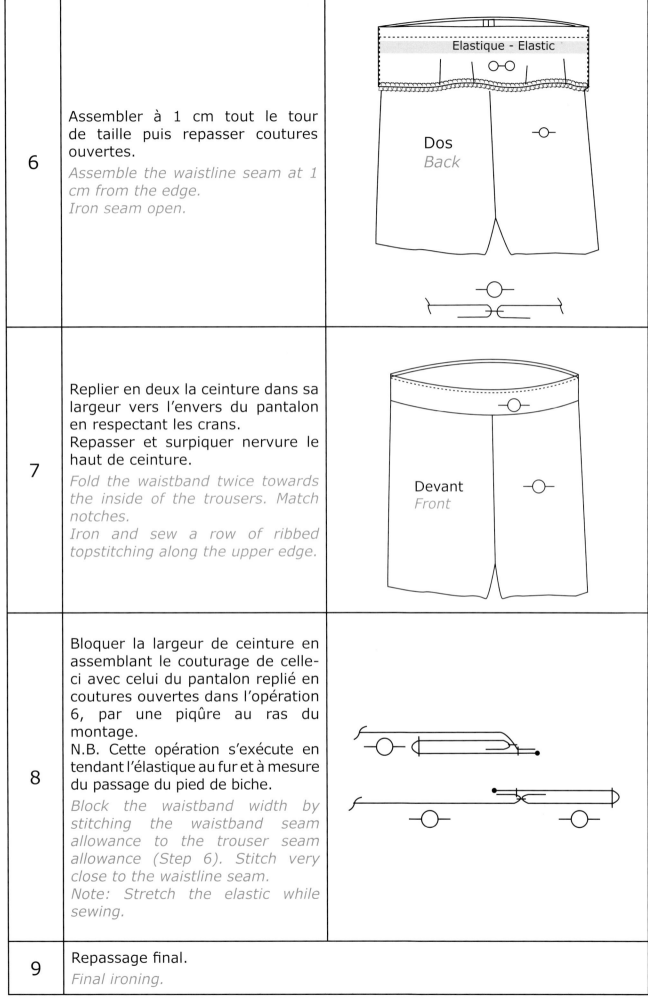
7	Replier en deux la ceinture dans sa largeur vers l'envers du pantalon en respectant les crans. Repasser et surpiquer nervure le haut de ceinture. *Fold the waistband twice towards the inside of the trousers. Match notches.* *Iron and sew a row of ribbed topstitching along the upper edge.*	
8	Bloquer la largeur de ceinture en assemblant le couturage de celle-ci avec celui du pantalon replié en coutures ouvertes dans l'opération 6, par une piqûre au ras du montage. N.B. Cette opération s'exécute en tendant l'élastique au fur et à mesure du passage du pied de biche. *Block the waistband width by stitching the waistband seam allowance to the trouser seam allowance (Step 6). Stitch very close to the waistline seam.* *Note: Stretch the elastic while sewing.*	
9	Repassage final. *Final ironing.*	

Tracé Ceinture élastiquée dos sans réglage
Outline for elasticized back waistband (not adjustable)

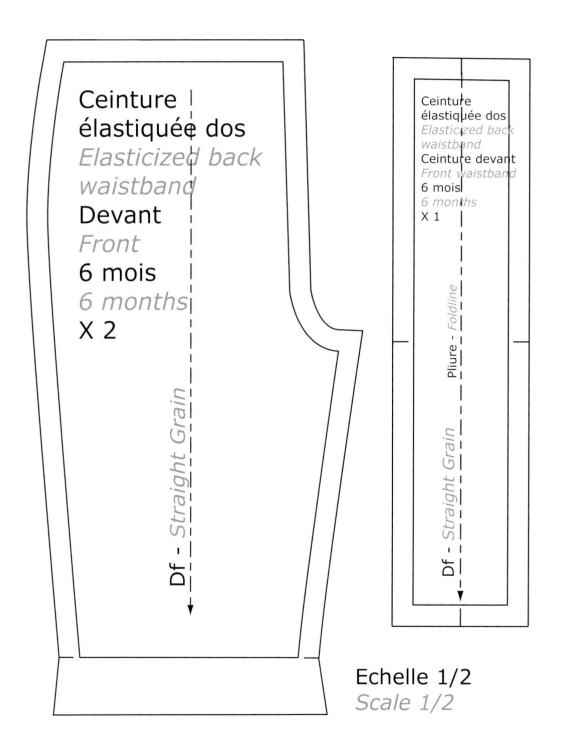

Ceinture
élastiquée dos
*Elasticized back
waistband*
Devant
Front
6 mois
6 months
X 2

Df - *Straight Grain*

Ceinture
élastiquée dos
*Elasticized back
waistband*
Ceinture devant
Front waistband
6 mois
6 months
X 1

Pliure - *Foldline*

Df - *Straight Grain*

Echelle 1/2
Scale 1/2

Tracé Ceinture élastiquée dos sans réglage
Outline for elasticized back waistband (not adjustable)

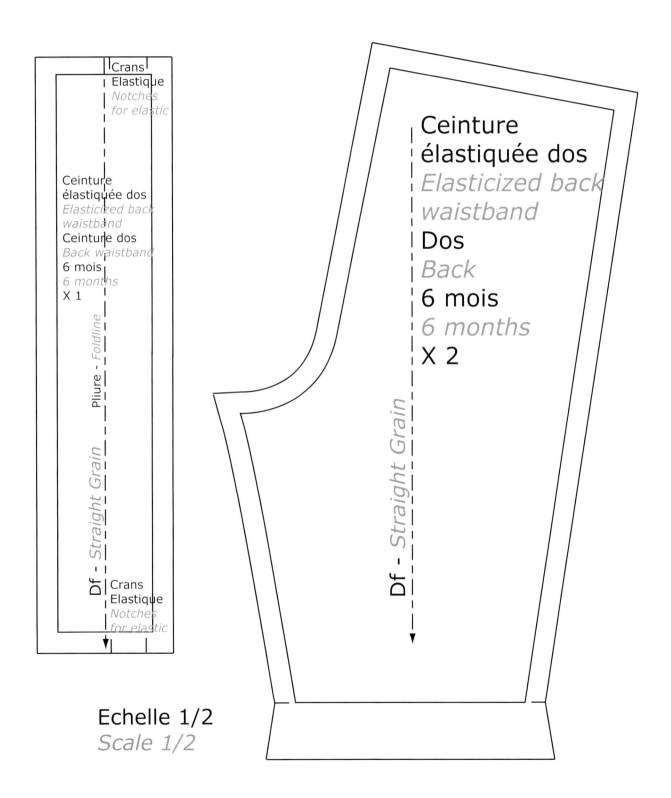

Crans
Elastique
Notches for elastic

Ceinture
élastiquée dos
Elasticized back waistband
Ceinture dos
Back waistband
6 mois
6 months
X 1

Pliure - *Foldline*

Df - *Straight Grain*

Crans
Elastique
Notches for elastic

Ceinture
élastiquée dos
Elasticized back waistband
Dos
Back
6 mois
6 months
X 2

Df - *Straight Grain*

Echelle 1/2
Scale 1/2

CEINTURE avec RÉGLAGE en ÉLASTIQUE à BOUTONNIÈRES au DOS (ENFANT)

ADJUSTABLE ELASTICIZED BACK WAISTBAND
(WITH BUTTONHOLES) (CHILDREN'S WEAR)

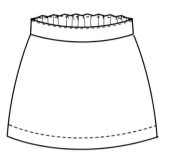  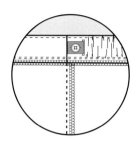 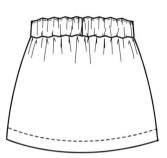

Eléments nécessaires :

- 1 devant de jupe
- 1 dos de jupe
- 1 dessus de ceinture
- 1 dessous de ceinture devant
- 1 dessous de ceinture dos
- 1 bande élastique à boutonnières de 25 mm de hauteur (sur 35 cm de long en 6 mois, pour la pièce d'étude décrite ci-dessous)

Necessary elements :

- *1 skirt front*
- *1 skirt back*
- *1 outer waistband*
- *1 inner front waistband*
- *1 inner back waistband*
- *1 elastic band with buttonholes : (width: 25 mm X length: 35 cm, for this sample piece, size 6 months)*

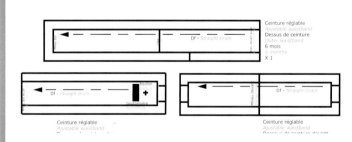

 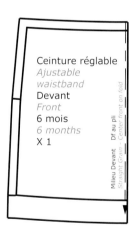

N°	Opérations *Procedures*	Schémas *Diagrams*
1	Repasser le tissu avant de couper les pièces. *Iron the fabric before cutting the pieces.*	
2	Préparer le haut de jupe selon le modèle. Le tour de taille doit être reconstitué en cercle. *Prepare the upper part of skirt according to the garment design and style.* *The waist measurement should form a circle.*	

3	Broder les boutonnières aux emplacements prévus à cet effet sur la partie dessous de ceinture dos. Poser les boutons (boutons plats). *Sew the buttonholes on the markings placed on the inner back waistband. Sew the buttons (flat buttons).*	
4	Poser la bande élastique sur l'envers de la ceinture dos et la passer dans les boutonnières, puis épingler les deux extrémités en perpendiculaire entre les crans prévus à cet effet sur l'endroit de la pièce. *Place the elastic band on the wrong side of the back waistband sliding it through the buttonholes. Pin each end perpendicular to the notches on the right side of fabric.*	Elastique à boutonnières *Elastic band with buttonholes*
5	Assembler endroit contre endroit à 1 cm les deux largeurs de dessous de ceinture (devant + dos) en insérant la bande élastique. Coucher les couturages vers le devant. La ceinture formant un cercle, surfiler une des longueurs. *With right sides together, assemble the two inner waistband widths (front + back) inserting the elastic band. Fold the seam allowances towards the front. The waistband forms a circle. Overlock one of the edges.*	Elastique *Elastic*

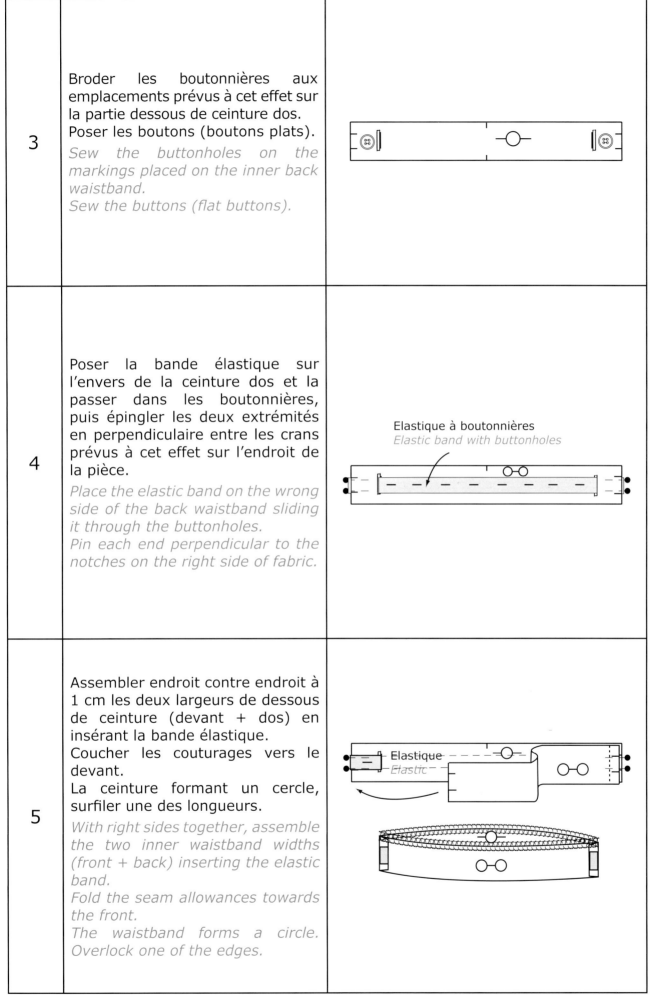

Garnir...

6

Assembler endroit contre endroit à 1 cm les hauts de ceinture dessus et dessous.
Piquer nervure le haut de ceinture en appliquant les couturages sur le dessous de ceinture sans prendre la partie dessus. Repasser.

With right sides together, assemble the inner and outer waistbands at 1 cm from the edge.
Sew a row of ribbed topstitching on the upper part of the waistband, stitching the seam allowances to the inner waistband without stitching on the outer waistband.

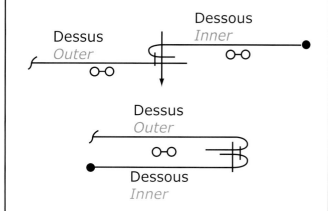

Dessus *Outer*

Dessous *Inner*

Dessus *Outer*

Dessous *Inner*

7

Vêtement :
Poser la ceinture sur le haut de la jupe endroit contre endroit en plaçant la partie NON élastiquée sur la taille de la jupe et l'élastique vers le dos de la jupe.
Respecter la position des crans et épingler en perpendiculaire à la ligne de taille.

Garment :
With right sides together, position the waistband on the upper part of the skirt matching notches. Place the part without elastic on the skirt front waistline, and the elasticized part on the skirt back waistline.
Place pins perpendicular to waistline.

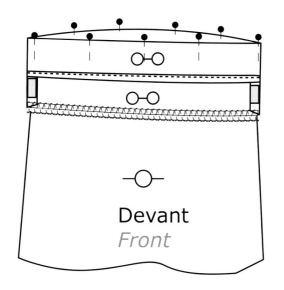

Devant *Front*

8

Assembler à 1 cm tout le tour de taille puis repasser coutures ouvertes.

Assemble the waistline seam at 1 cm from the edge. Iron seam open.

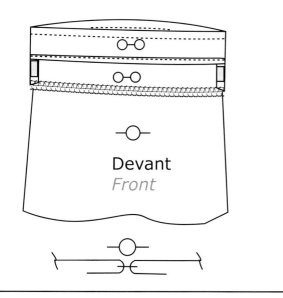

Devant *Front*

9	Replier en deux la ceinture dans sa largeur vers l'envers de la jupe en respectant les crans. Repasser et surpiquer nervure le haut de la ceinture. *Fold the waistband twice towards the inside of the skirt. Match notches.* *Iron and sew a row of ribbed topstitching along the upper edge.*	
10	Bloquer la largeur de ceinture en assemblant le couturage de la ceinture avec celui de la jupe replié en coutures ouvertes dans l'opération 8, par une piqûre au ras du montage. N.B. Cette opération s'exécute en tendant l'élastique au fur et à mesure du passage du pied de biche. *Block the waistband width by stitching the waistband seam allowance to the skirt seam allowance (Step 8). Stitch very close to the waistline seam.* *Note: Stretch the elastic while sewing.*	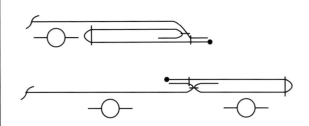
11	Repassage final. *Final ironing.*	

NOTES /

Tracé Ceinture réglable avec élastique à boutonnières
Outline for adjustable elasticized waistband with buttonholes

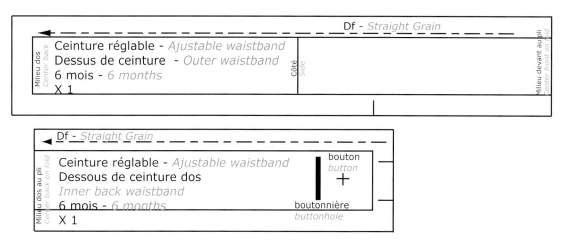

Df - *Straight Grain*

Milieu dos - *Center back* | Côté *Side* | Milieu devant au pli - *Center front on fold*

Ceinture réglable - *Ajustable waistband*
Dessus de ceinture - *Outer waistband*
6 mois - *6 months*
X 1

Df - *Straight Grain*

Milieu dos au pli - *Center back on fold*

Ceinture réglable - *Ajustable waistband*
Dessous de ceinture dos
Inner back waistband
6 mois - *6 months*
X 1

bouton
button
+
boutonnière
buttonhole

Milieu devant *Center front*

Ceinture réglable
Ajustable waistband
Dessous de ceinture devant
Inner front waistband
6 mois - *6 months*
X 1

Df - *Straight Grain*

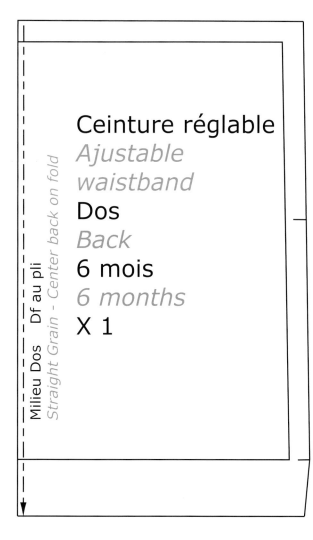

Milieu Dos   Df au pli
Straight Grain – Center back on fold

Ceinture réglable
Ajustable waistband
Dos
Back
6 mois
6 months
X 1

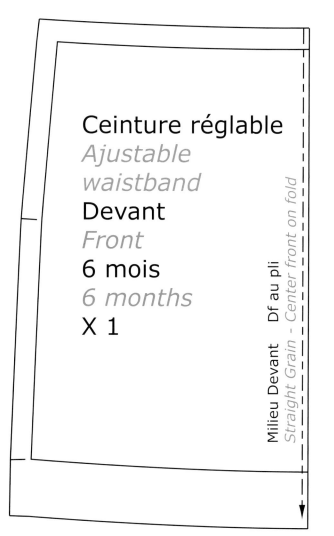

Milieu Devant   Df au pli
Straight Grain – Center front on fold

Ceinture réglable
Ajustable waistband
Devant
Front
6 mois
6 months
X 1

Echelle 1/2
Scale 1/2

Tableau d'aisance des tours de ceinture
Measurement chart : Waistline ease values

Homme – Men

Taille Pantalon *Trouser size*		Tour de ceinture Base de pantalon *Waist measurement Trouser seat*		Tour de ceinture Patronage *Waist measurement Pattern*		Tour de ceinture Contrôle qualité *Waist measurement Quality control*	
A sa place *At waistline*	Descendue (de 3 cm) *Lowered 3 cm*	A sa place *At waistline*	Descendue (de 3 cm) *Lowered 3 cm*	A sa place *At waistline*	Descendue (de 3 cm) *Lowered 3 cm*	A sa place *At waistline*	Descendue (de 3 cm) *Lowered 3 cm*
38	38	76	80	78 (+2)	82 (+2)	76	80
40	40	80	84	82 (+2)	86 (+2)	80	84
42	42	84	88	86 (+2)	90 (+2)	84	88
44	44	88	92	90 (+2)	94 (+2)	88	92
46	46	92	96	94 (+2)	98 (+2)	92	96
48	48	96	100	98 (+2)	102 (+2)	96	100

Femme – Women

Taille Pantalon / Jupe *Trouser / Skirt size*		Tour de ceinture Base de pantalon *Waist measurement Trouser seat*		Tour de ceinture Patronage *Waist measurement Pattern*		Tour de ceinture Contrôle qualité *Waist measurement Quality control*	
A sa place *At waistline*	Descendue (de 3 cm) *Lowered 3 cm*	A sa place *At waistline*	Descendue (de 3 cm) *Lowered 3 cm*	A sa place *At waistline*	Descendue (de 3 cm) *Lowered 3 cm*	A sa place *At waistline*	Descendue (de 3 cm) *Lowered 3 cm*
36	36	64	67	66 (+2)	69 (+2)	64	67
38	38	68	71	70 (+2)	73 (+2)	68	71
40	40	72	75	74 (+2)	77 (+2)	72	75
42	42	76	79	78 (+2)	81 (+2)	76	79
44	44	80	83	82 (+2)	85 (+2)	80	83

Tableau d'aisance des tours de ceinture
Measurement chart : Waistline ease values

1/2 TOUR			JUPE — Tour de taille élastiquée — *SKIRT Full elasticized waist*		JUPE — Dos élastiqué — *SKIRT elasticized back*		PANTALON — Tour de taille élastiquée — *TROUSERS Full elasticized waist*		PANTALON — Dos élastiqué — *TROUSERS elasticized back*		JUPE / *SKIRT*	PANTALON / *TROUSERS*
1/2 Waist Measurement			1/2 Taille relâchée *1/2 Waist Measurement (unstretched elastic)*	1/2 Taille tendue *1/2 Waist Measurement (stretched elastic)*	1/2 Taille devant relâchée *1/2 Front Waist Measurement (without elastic)*	1/2 Taille dos tendue *1/2 Back Waist Measurement (stretched elastic)*	1/2 Taille relâchée *1/2 Waist Measurement (unstretched elastic)*	1/2 Taille tendue *1/2 Waist Measurement (stretched elastic)*	1/2 Taille devant relâchée *1/2 Waist Measurement (unstretched elastic)*	1/2 Taille dos tendue *1/2 Waist Measurement (stretched elastic)*	1/2 Taille / *1/2 Waist*	1/2 Taille / *1/2 Waist*
Age / *Age*	Taille *Taille* / Height												
3m	60		19	26	20	24	20	29	20	24		
6m	68		20	27	21	25	21	30	21	25		
12m	74		21	29	22	26	22	31	22	26		
18m	80		22	30.5	23	27	23	32	23	27		
2	86		23	32	24	28	24	33	24	28	27	25.5
3	98		24	33	25	29	25	34	25	29	27.5	26.25
4	104		25	34	26	30	26	35	26	30	28	27
6	116		27	36	28	32	28	37	28	32	29	28.5
8	128		29	38	30	34	30	39	30	34	30	30
10	140		31	40	32	36	32	41	32	36	31	32
12	152		33	42	34	38	34	43	34	38	32	34
14	164		35	44	36	40	36	45	36	40	33	36

Les tours de taille de jupes et pantalons en layette doivent toujours être élastiqués.
The full waistlines for skirts and trousers must be elasticized.

Enfant – *Children*

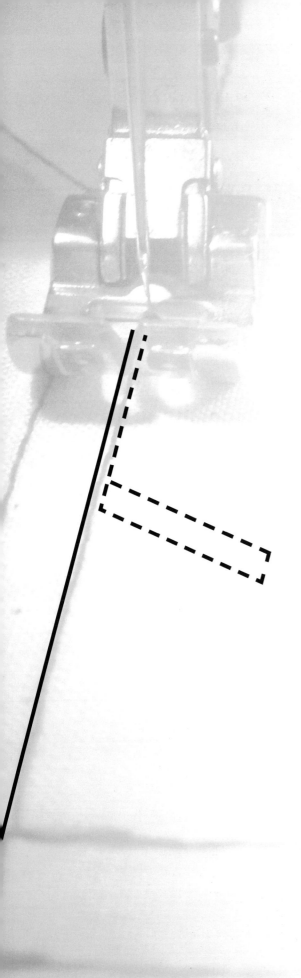

Plis et fentes

Pleats and vents

DÉFINITIONS DES PLIS
PLEAT DEFINITIONS

Vocabulaires et définitions *Vocabulary and definitions*	Schémas *Diagrams*

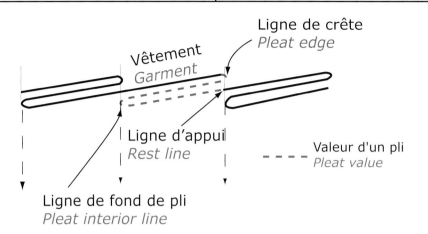

Vêtement
Garment

Ligne de crête
Pleat edge

Ligne d'appui
Rest line

Valeur d'un pli
Pleat value

Ligne de fond de pli
Pleat interior line

Plis plats ou plis couchés : Le tissu, replié en double, est couché vers la gauche (la fermeture des vêtements féminins se plaçant traditionnellement à gauche), ce qui donne une épaisseur triple.
Métrage d'une jupe entièrement plissée en plis plats = (tour de hanches X 3) + 4 à 5 cm.

Flat pleats or knife pleats : The fabric, folded twice, is folded towards the left, resulting in three layers. (Traditionally, the opening/closing on women's garments is on the left side.) The amount of fabric required for a fully pleated skirt : (full hip measurement X 3) + 4 to 5 cm.

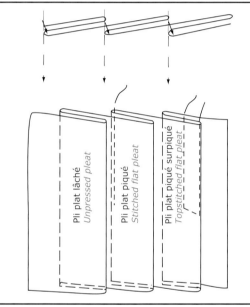

Pli plat lâché
Unpressed pleat

Pli plat piqué
Stitched flat pleat

Pli plat piqué surpiqué
Topstitched flat pleat

Pli plat lâché (pantalon) : Le nombre de plis lâchés dans la ceinture d'un pantalon peuvent être au nombre de 2, de 3 ou unique et situé sur le Df de la jambe devant.
Pli italien : avec pli de fond vers le milieu devant.
Pli français : avec fond de pli vers le côté de la jambe.

Unpressed flat pleat (trousers) : Unpressed flat pleats maintained in a trouser waistband can vary from 1 to 3 in number and are positioned on the front trouser leg, either on, or parallel to the straight grain line.
Italian pleat : The pleat interior is folded towards the center front.
French pleat : The pleat interior is folded towards the side seam.

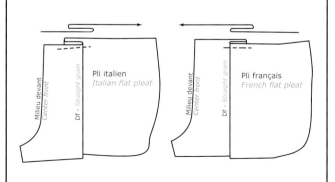

Milieu devant
Center front

Df - *Straight grain*

Pli italien
Italian flat pleat

Milieu devant
Center front

Df - *Straight grain*

Pli français
French flat pleat

Plis « religieuse » : Succession de plis plats piqués, traditionnellement horizontaux. La crête du pli recouvre la piqûre du pli suivant. Purement décoratifs, ils n'ajoutent aucune ampleur au vêtement.

Horizontal tucks : Rows of stitched flat pleats, traditionally horizontal.
The pleat edge covers the stitching on the following pleat. Horizontal tucks are decorative. They do not add volume to the garment.

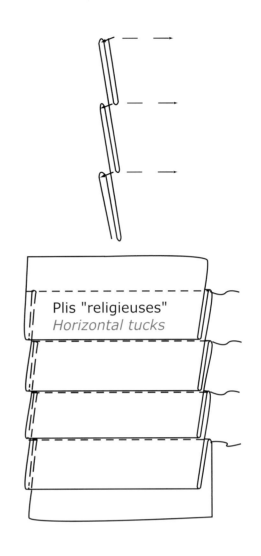

Plis "religieuses"
Horizontal tucks

Plis « nervure » : Plis très étroits, ils sont constitués d'une piqûre à 1 ou 2 mm du bord du pli et sont si petits qu'ils restent dressés. Posés en série, ils créent de l'ampleur là où ils s'arrêtent.

Pin-tucked pleats : Very narrow pleats, stitched at 1 or 2 mm from the edge. Pin-tucked pleats are so small that they remain upright. A series of pin-tucked pleats can create volume when unpressed and left open at one end. (See diagram.)

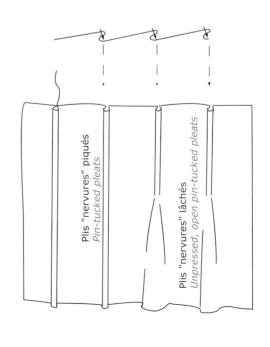

Plis "nervures" piqués
Pin-tucked pleats

Plis "nervures" lâchés
Unpressed, open pin-tucked pleats

Donner et discipliner...

Pli creux lâché
Unpressed inverted pleat

Pli creux : Deux plis plats couchés en vis-à-vis forment un pli creux.

Inverted pleat *: Two flat pleats folded in opposite directions form an inverted pleat.*

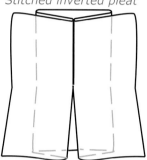

Pli creux piqué
Stitched inverted pleat

Pli creux piqué surpiqué
Topstitched inverted pleat

Plis éventail : Plis creux superposés.

Fan pleats *: Two layers of inverted pleats.*

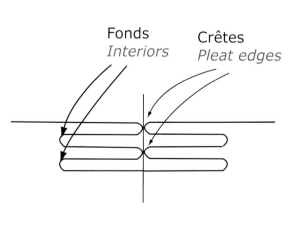

Fonds
Interiors

Crêtes
Pleat edges

Pli rond : Pli creux considéré à l'envers.

Box pleat : *The opposite of an inverted pleat.*

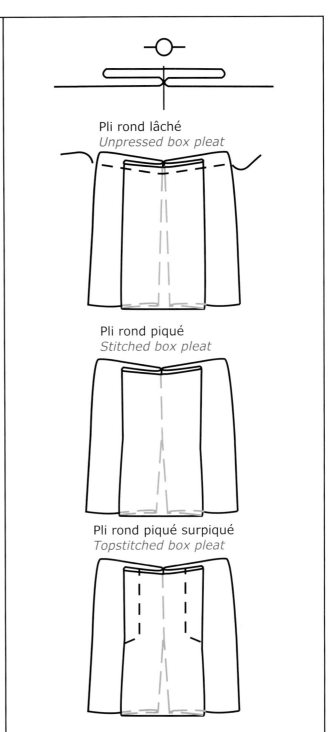

Pli rond lâché
Unpressed box pleat

Pli rond piqué
Stitched box pleat

Pli rond piqué surpiqué
Topstitched box pleat

PLIS RONDS (LÂCHÉS, PIQUÉS, SURPIQUÉS)
BOX PLEATS (UNPRESSED, STITCHED, TOPSTITCHED)

Pli rond lâché
Unpressed box pleat

Pli rond piqué
Stitched box pleat

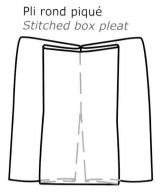

Pli rond piqué surpiqué
Topstitched box pleat

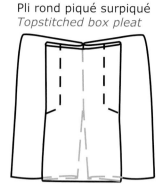

Elément nécessaire :
- 1 rectangle selon gabarit ou modèle.

Necessary element :
- *1 rectangle according to garment design and style.*

N°	Opérations *Procedures*	Schémas *Diagrams*
1	Repasser la toile avant de couper la pièce. *Iron the muslin before cutting the piece.*	
2	Préparer, puis faire l'ourlet avant le plissage (voir ourlet invisible). *Prepare and sew the hem before pleating. (See invisible hem.)*	

3	Préformer les plis au fer en suivant les crans placés. Les plis peuvent être maintenus uniquement par une ceinture (plis lâchés), maintenus par le fond du pli (plis piqués : opération 4) ou maintenus par le fond de pli et surpiqués sur l'endroit selon le modèle (plis piqués surpiqués : opération 5). *Iron the pleats following the notches. The pleats can be maintained by a waistband (unpressed pleats), by the pleat interior (stitched pleats: procedure 4), or by the pleat interior with topstitching according to garment design and style (topstitched pleats: procedure 5).*	Pli rond lâché *Unpressed box pleat* Pli rond piqué *Stitched box pleat* Pli rond piqué surpiqué *Topstitched box pleat*
4	Assembler endroit contre endroit par l'intérieur le premier pli creux sur la distance prévu dans le modèle. (12 à 15 cm, par exemple). *With right sides together, stitch the 1st box pleat interior together according to the length determined for the garment. (Ex: 12 to 15 cm.)*	
5	Ouvrir le pli de part et d'autre de la couture et écarter la pièce de chaque côté du pli. Surpiquer le pli de chaque côté selon le modèle sur la longueur pointée sur le patronage. *Open the pleat on either side of the seam and place on to the garment. Topstitch the pleat on each side according to the length marked on the pattern.*	
6	Repassage final. *Final ironing.*	

un volume

Donner et discipliner...

Schéma 1   PLI ROND
Diagram 1 BOX PLEAT

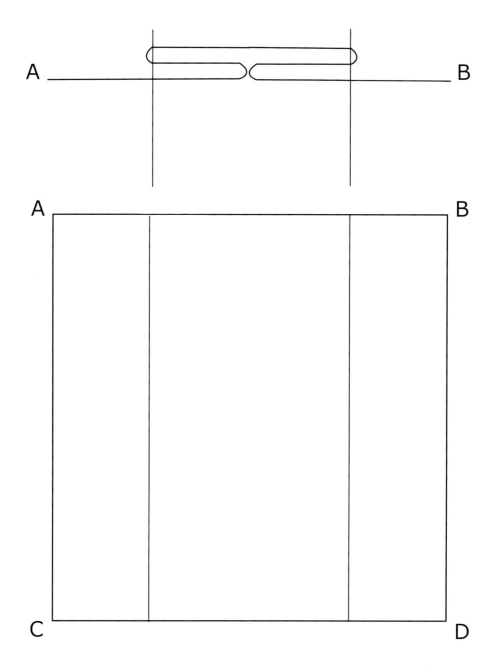

Schéma 2 Développement de pli rond
Diagram 2 Box pleat : development

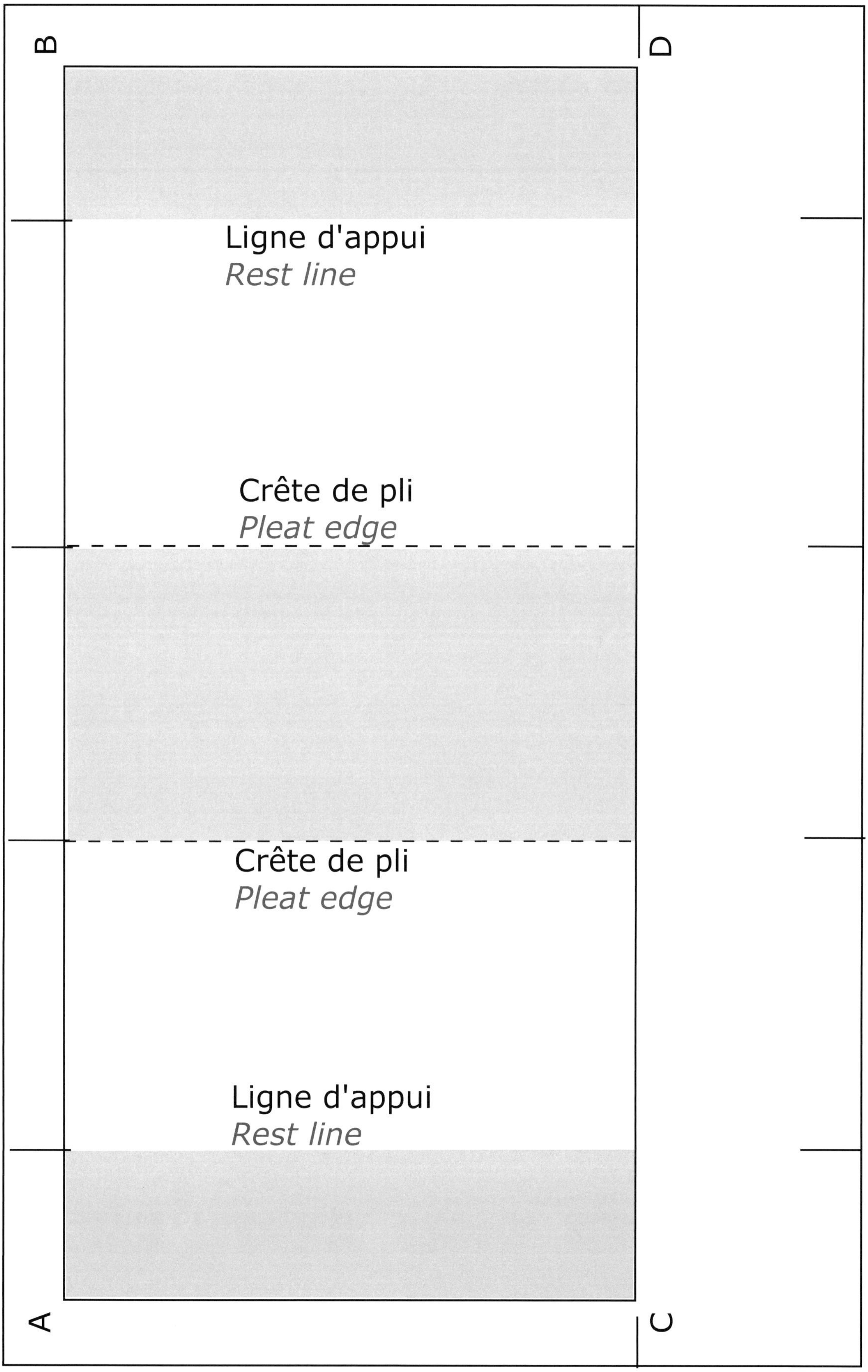

B

D

Ligne d'appui
Rest line

Crête de pli
Pleat edge

Crête de pli
Pleat edge

Ligne d'appui
Rest line

A

C

113

PLIS CREUX (lâchés, piqués, piqués surpiqués)
INVERTED PLEATS (Unpressed, stitched, topstitched)

Pli creux lâché
Unpressed inverted pleat

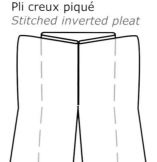

Pli creux piqué
Stitched inverted pleat

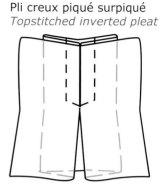

Pli creux piqué surpiqué
Topstitched inverted pleat

Elément nécessaire :
- 1 rectangle selon gabarit ou modèle

Necessary element :
- *1 rectangle according to garment design and style*

N°	Opérations *Procedures*	Schémas *Diagrams*
1	Repasser la toile avant de couper la pièce. *Iron the muslin before cutting the piece.*	
2	Préparer, puis faire l'ourlet avant le plissage (voir ourlet invisible). *Prepare and sew the hem before pleating. (See invisible hem.)*	

Donner et discipliner...

3	Préformer les plis au fer en suivant les crans placés. Les plis peuvent être maintenus uniquement par une ceinture (plis lâchés), maintenus par le fond du pli (plis piqués : opération 4) ou maintenus par le fond de pli et surpiqués sur l'endroit selon le modèle (plis piqués surpiqués : opération 5). *Iron the pleats following the notches. The pleats can be maintained by a waistband (unpressed pleats), by the pleat interior (stitched pleat procedure), or by the pleat interior with topstitching according to garment design and style (topstitched pleat procedure).*	Pli creux lâché *Unpressed inverted pleat* Pli creux piqué *Stitched inverted pleat* Pli creux piqué surpiqué *Topstitched inverted pleat*
4	Assembler endroit contre endroit par l'intérieur le premier pli creux sur la distance prévu dans le modèle. (12 à 15 cm, par exemple). *With right sides together, stitch the 1st inverted pleat interior together according to the length determined for the garment. (Ex: 12 to 15 cm.)*	
5	Ouvrir le pli de part et d'autre de la couture et écarter la pièce de chaque côté du pli. Surpiquer le pli de chaque côté selon le modèle sur la longueur pointée sur le patronage. *Open the pleat on either side of the seam and place on to the garment. Topstitch the pleat on each side according to the length marked on the pattern.*	
6	Repassage final. *Final ironing.*	

Schéma 1   PLI CREUX
Diagram 1   INVERTED PLEAT

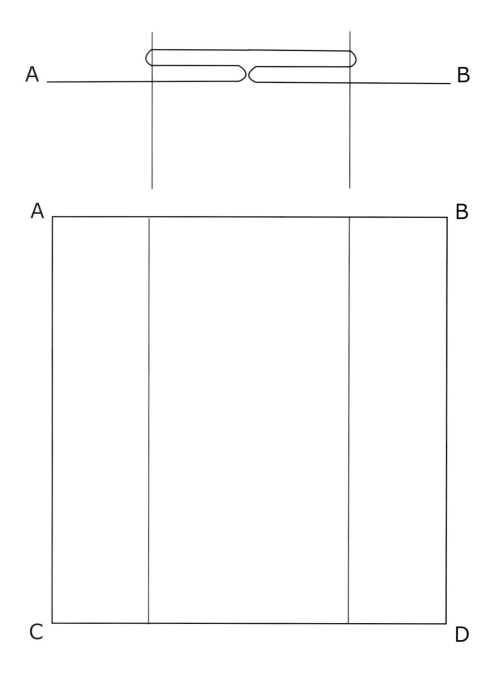

A   B

A   B

C   D

Schéma 2   Développement de pli creux
Diagram 2   Inverted pleat : development

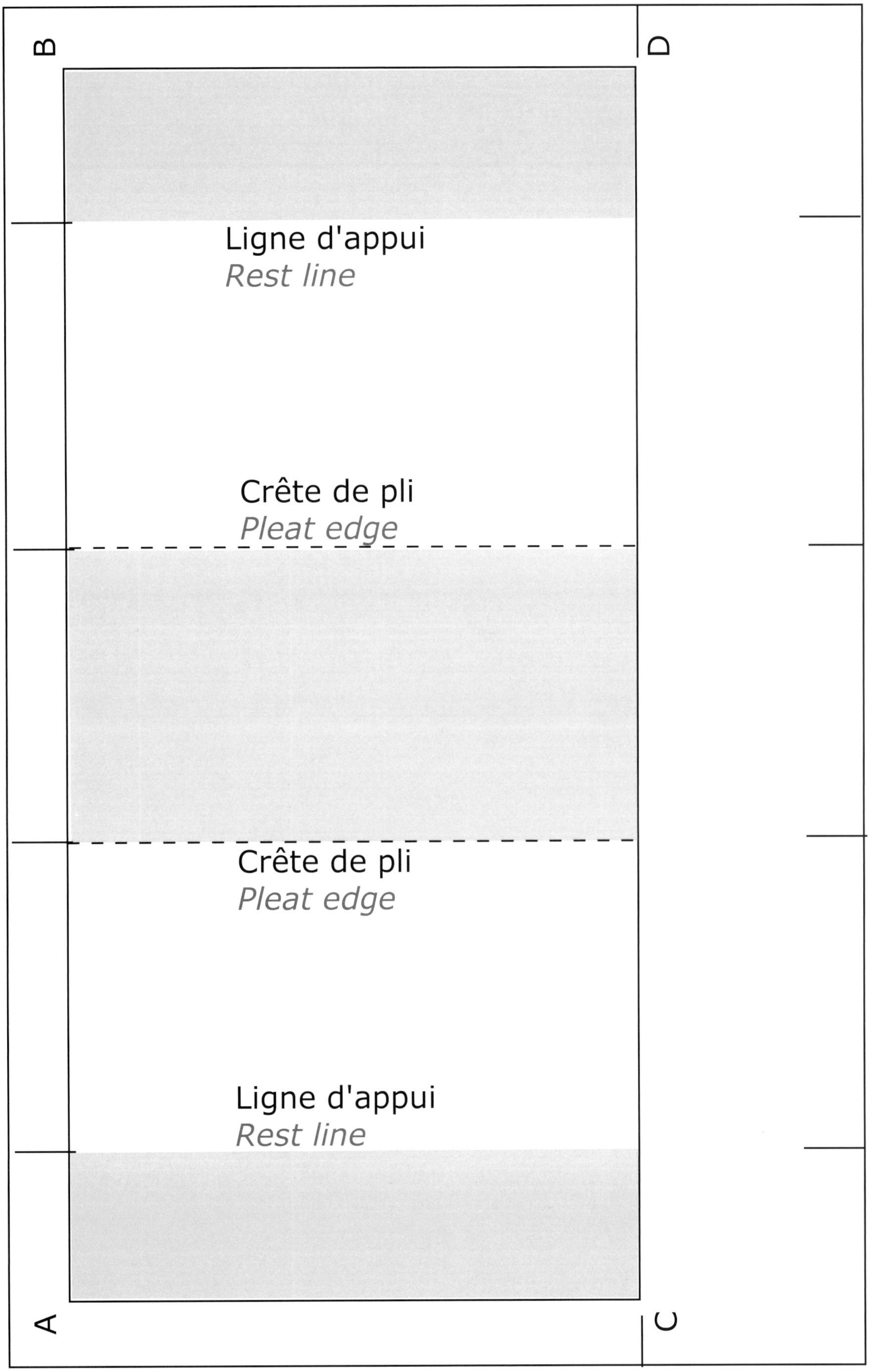

B

D

Ligne d'appui
Rest line

Crête de pli
Pleat edge

Crête de pli
Pleat edge

Ligne d'appui
Rest line

A

C

117

Schéma 1 PLIS RELIGIEUSES (variante de plis plats piqués)
Diagram 1 HORIZONTAL FLAT PLEATS (Stitched flat pleat variation)

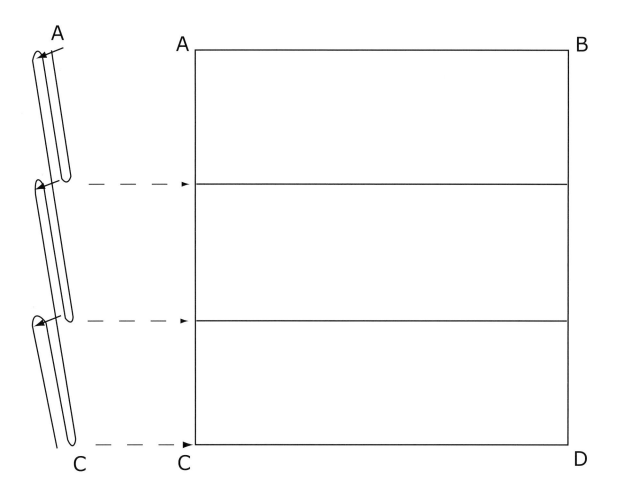

Schéma 2 Développement de plis religieuses
(variante de plis plats piqués)

Diagram 2 HORIZONTAL FLAT PLEATS : development
(Stitched flat pleat variation)

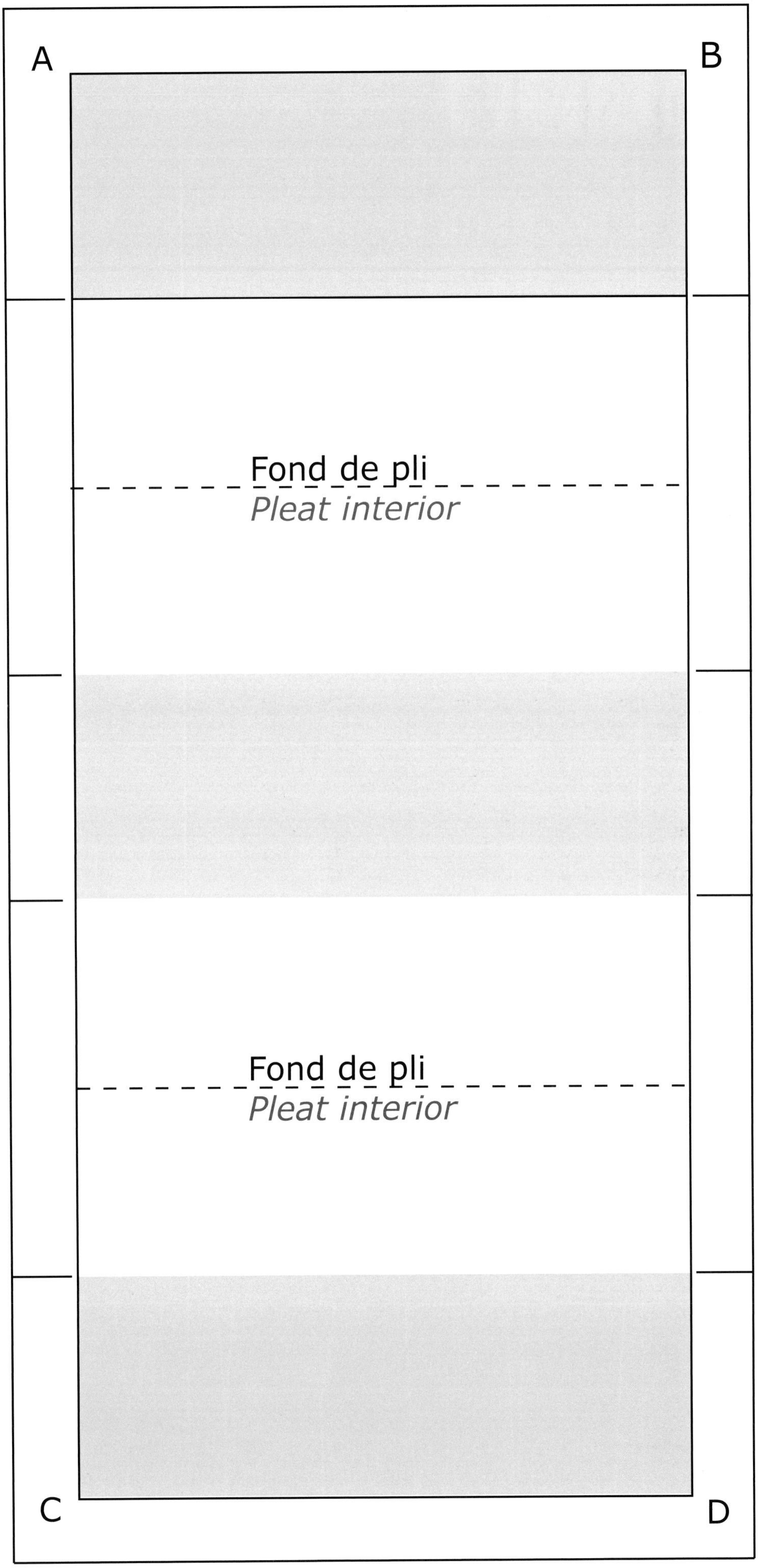

A B

Fond de pli
Pleat interior

Fond de pli
Pleat interior

C D

Schéma 1 PLIS NERVURES (variante de plis plats piqués)
Diagram 1 PIN-TUCKED PLEATS (Stitched flat pleat variation)

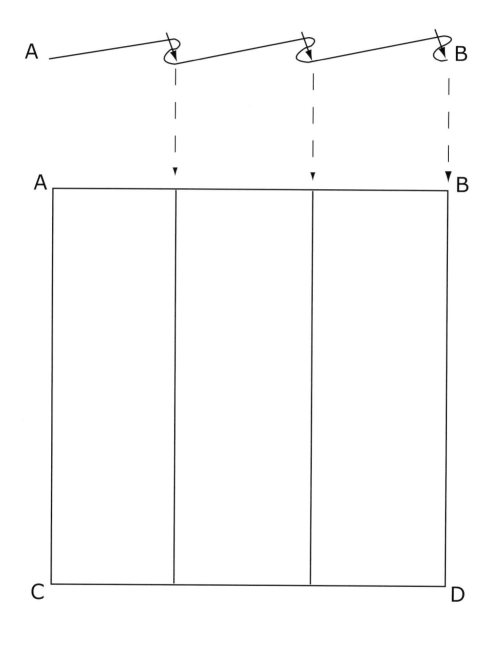

Schéma 2   Développement de plis nervures
Diagram 2 PIN-TUCKED PLEAT : development

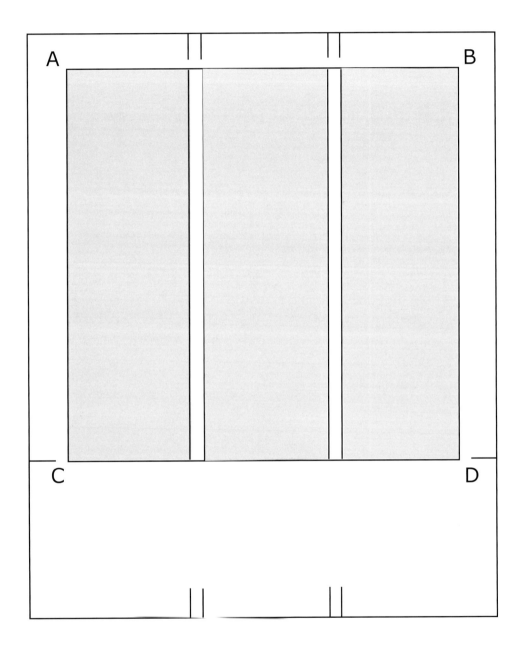

PLI FENTE NON DOUBLÉ (FEMME)
UNLINED VENT (WOMEN'S WEAR)

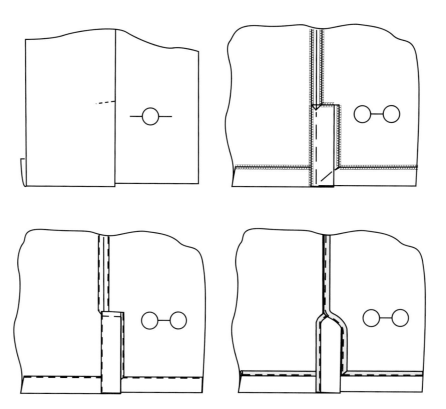

Eléments nécessaires :
- 1 dos droit selon gabarit
- 1 dos gauche selon gabarit

Necessary elements :
- *1 right back piece according to garment design and style*
- *1 left back piece according to garment design and style*

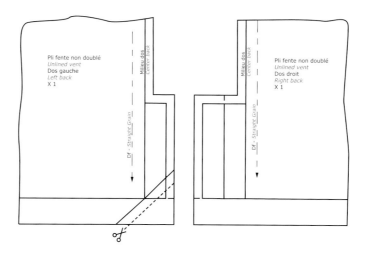

N°	Opérations *Procedures*	Schémas *Diagrams*
1	Repasser la toile avant de couper les deux dos. *Iron the muslin before cutting the two back pieces.*	

2	**Onglet du dos gauche:** Préparer la forme de l'onglet selon les valeurs de pli fente et d'ourlet. Plier l'onglet endroit contre endroit et piquer l'angle en partant de l'angle et en s'arrêtant à 1 cm du bord afin de laisser le couturage libre pour le montage d'un biais de bordure ou d'un rempli simple de propreté. Dégager l'angle en perpendiculaire au milieu dos. *Left back mitered angle :* *Prepare the angle according to the vent width and the hem width.* *Fold the angle with right sides together, and stitch from the foldline until 1 cm from the end. This leaves the seam allowance value free for a bias finishing or a simple felled hem.* *Clip the angle at a perpendicular to the center back line.*	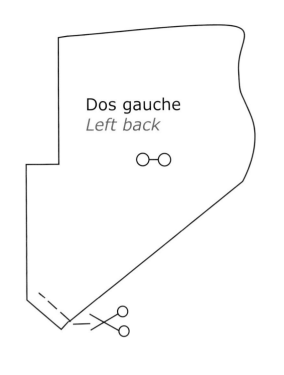 Dos gauche *Left back*
3	N.B. L'onglet n'est pas obligatoirement coupé à l'intérieur. Dans ce cas, plier la réserve de tissu, repasser et retourner. Repasser à nouveau. *Note : The interior of the mitered angle is not always clipped. In this case, fold the excess fabric, iron and turn.* *Iron again.*	
4	**Ourlet du dos droit :** Endroit contre endroit, plier le retour du pli fente et piquer jusqu'à 1 cm du bord de celui-ci afin de laisser le couturage libre pour le montage d'un biais de bordure ou d'un rempli simple de propreté. Retourner, repasser. *Right back hem :* *With right sides together, fold the inner part of the vent and stitch from the foldline until 1 cm from the end. This leaves the seam allowance value free for a bias finishing or a simple felled hem.* *Turn, iron.*	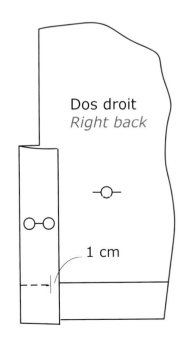 Dos droit *Right back* 1 cm

5	Superposer les deux dos endroit contre endroit et assembler les milieux dos sur la valeur de couturage (1 cm) jusqu'au pli fente (1.5 cm en dessous du décochement des deux pièces - Point A). Terminer la piqûre par un point d'arrêt. *Place the two backs with right sides together and stitch the center back seam (1 cm seam allowance value) until the vent (1.5 cm below the angle - Point A).* *Backstitch at the end of the seam.*	Dos droit *Right back* A
6	Cranter l'angle du dos gauche et ouvrir la couture du milieu dos. *Notch the angle on the left back and iron the center back seam open.*	Dos droit *Right back*
7	Placer le fond du pli fente dos gauche superposé sur le dos droit. *Place the left back pleat interior on the right back.*	Dos droit *Right back* Dos gauche *Left back* Milieu dos *Center back*

8	Maintenir les deux profondeurs de pli ensemble soit par l'intérieur (montage invisible), soit par une surpiqûre apparente sur le dos gauche. *Maintain the two pleat interiors together from the inside (invisible stitching), or with topstitching on the left back.*	Dos gauche *Left back* Dos droit *Right back*
9	Repassage final. *Final ironing.*	
Finition 1	**Finition 1** : Les bords latéraux de la fente peuvent être surfilés ainsi que la valeur d'ourlet et les valeurs de couture. *Finishing 1 : The vent edges can be overlocked as well as the hem and seam allowance values.*	Dos droit *Right back* Dos gauche *Left back* Milieu dos *Center back*
Finition 2	**Finition 2** : Les bords latéraux de la fente peuvent être retournés en rempli simple, puis nervurés. *Finishing 2 : The lateral edges can be finished with a simple felled hem, then topstitched.*	Dos droit *Right back* Dos gauche *Left back* Milieu dos *Center back*

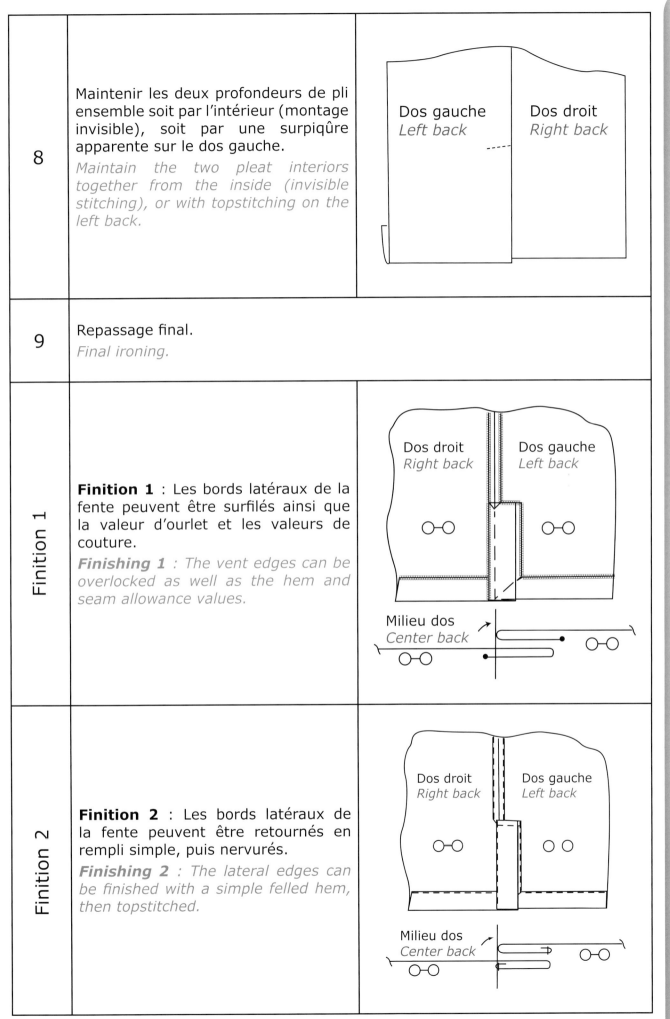

Finition 3

Finition 3 : Les bords latéraux ainsi que les coutures du milieu dos, couchées vers le dos gauche peuvent être bordés par un biais. En ce cas, border le bord latéral du dos droit en laissant en bas et en haut une valeur de biais, telle que celle-ci soit prise dans le biais bordant les coutures milieu dos et le bord latéral du dos gauche.

Finishing 3 : The vertical edges as well as the center back seam allowances (folded towards the left back), can be trimmed with a bias tape. In this case, place the bias tape on the vertical edge of the right back leaving an excess value at the top and bottom. This excess will then be covered by the bias tape along the center back and the vertical edge of the left back.

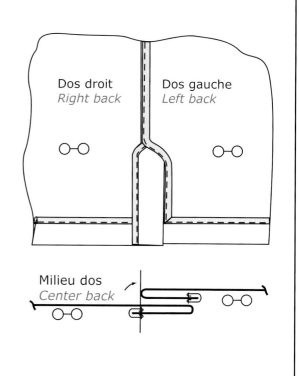

Dos droit
Right back

Dos gauche
Left back

Milieu dos
Center back

NOTES /

Tracé Pli fente non doublé (avec onglet préparé)
Outline for unlined vent (with mitered angle)

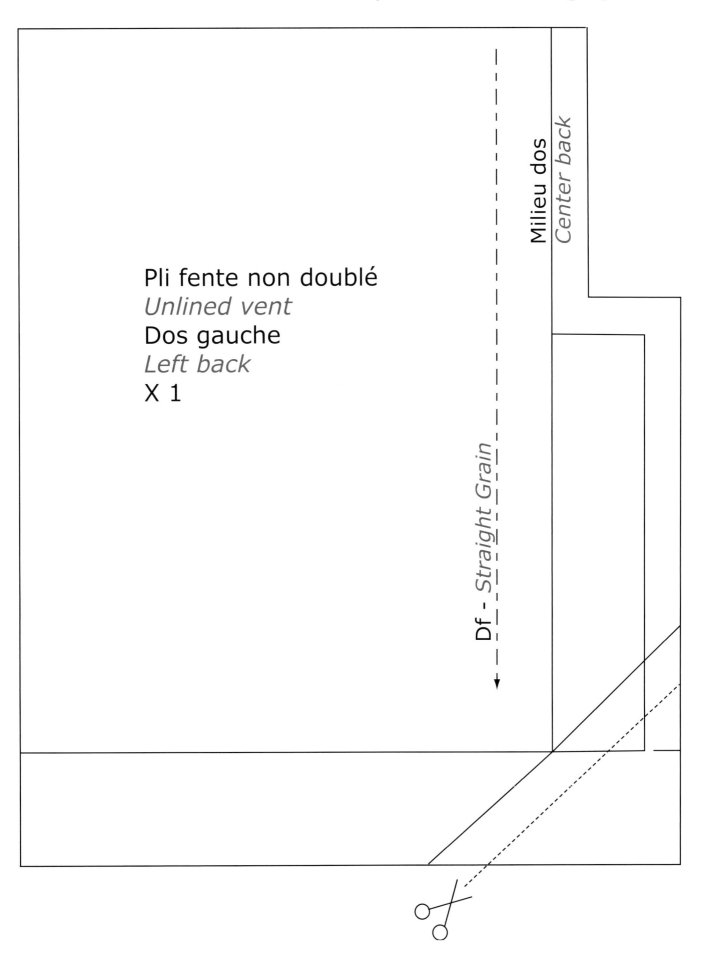

Pli fente non doublé
Unlined vent
Dos gauche
Left back
X 1

Milieu dos
Center back

Df - *Straight Grain*

Tracé Pli fente non doublé (avec onglet préparé)
Outline for unlined vent (with mitered angle)

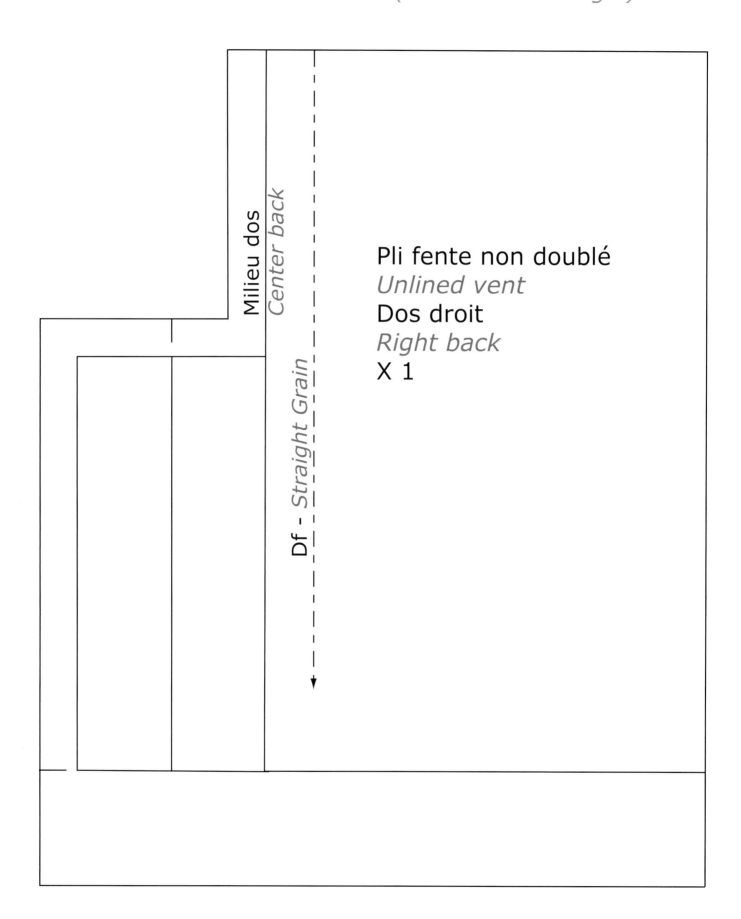

Milieu dos
Center back

Df - *Straight Grain*

Pli fente non doublé
Unlined vent
Dos droit
Right back
X 1

PLI FENTE NON DOUBLÉ
AVEC MILIEU DOS COUTURE AU CORNET (FEMME)
UNLINED VENT
WITH CENTER BACK FELLED SEAM (WOMEN'S WEAR)

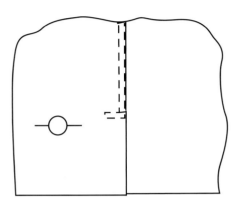 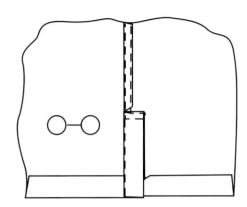

Eléments nécessaires :
- 1 dos droit selon gabarit
- 1 dos gauche selon gabarit

Necessary elements :
- *1 right back piece according to garment design and style*
- *1 left back piece according to garment design and style*

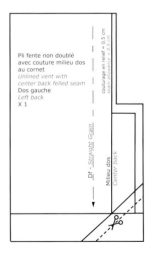

Pli fente non doublé avec couture milieu dos au cornet
Unlined vent with center back felled seam
Dos gauche
Left back
X 1

couturage en relief = 0.5 cm
seam allowance = 0.5 cm

Df - *Straight Grain*

Milieu dos
Center back

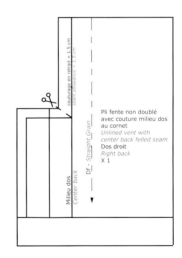

couturage en retrait = 1.5 cm
seam allowance = 1.5 cm

Pli fente non doublé avec couture milieu dos au cornet
Unlined vent with center back felled seam
Dos droit
Right back
X 1

Df - *Straight Grain*

Milieu dos
Center back

N°	**Opérations** *Procedures*	**Schémas** *Diagrams*
1	Repasser la toile avant de couper les deux dos. *Iron the muslin before cutting the two backs.*	

2	**Onglet du dos gauche :** Préparer la forme de l'onglet selon les valeurs de pli fente et d'ourlet. Plier l'onglet endroit contre endroit et piquer l'angle en partant de l'angle et en s'arrêtant à 1 cm du bord afin de laisser le couturage libre pour le montage d'un biais de bordure ou d'un rempli simple de propreté. Dégager l'angle en perpendiculaire au milieu dos. *Left back mitered angle :* *Prepare the angle according to the vent width and the hem width.* *Fold the angle with right sides together, and stitch from the foldline until 1 cm from the end. This leaves the seam allowance value free for a bias finishing or a simple felled hem.* *Clip the angle at a perpendicular to the center back line.*	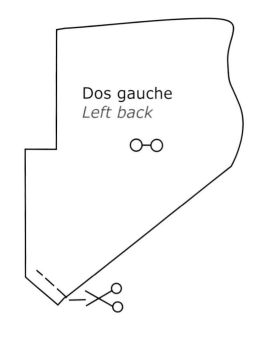Dos gauche *Left back*
3	N.B. L'onglet n'est pas obligatoirement coupé à l'intérieur. Dans ce cas, plier la réserve de tissu, repasser et retourner. Repasser à nouveau. *Note : The interior of the mitered angle is not always clipped. In this case, fold the excess fabric, iron and turn.* *Iron again.*	
4	**Ourlet du dos droit :** Endroit contre endroit, plier le retour du pli fente et piquer jusqu'à 1 cm du bord de celui-ci afin de laisser le couturage libre pour le montage d'un biais de bordure ou d'un rempli simple de propreté. Retourner, repasser. *Right back hem :* *With right sides together, fold the inner part of the pleat and stitch from the foldline until 1 cm from the end. This leaves the seam allowance value free for a bias finishing or a simple felled hem.* *Turn, iron.*	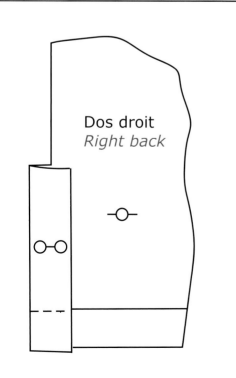Dos droit *Right back*

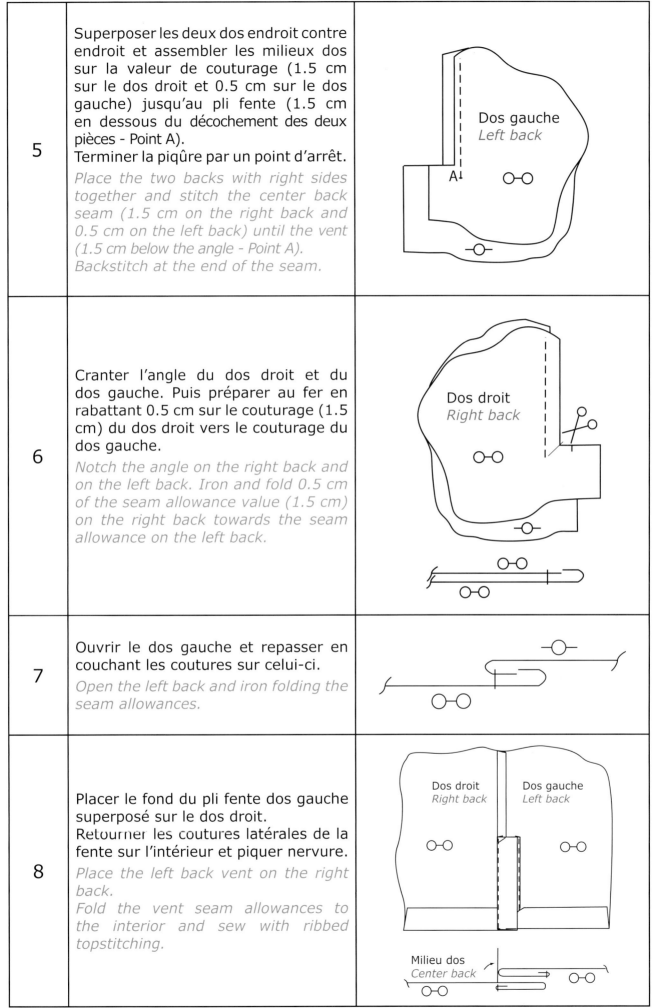

5	Superposer les deux dos endroit contre endroit et assembler les milieux dos sur la valeur de couturage (1.5 cm sur le dos droit et 0.5 cm sur le dos gauche) jusqu'au pli fente (1.5 cm en dessous du décochement des deux pièces - Point A). Terminer la piqûre par un point d'arrêt. *Place the two backs with right sides together and stitch the center back seam (1.5 cm on the right back and 0.5 cm on the left back) until the vent (1.5 cm below the angle - Point A).* *Backstitch at the end of the seam.*	**Dos gauche** *Left back* A
6	Cranter l'angle du dos droit et du dos gauche. Puis préparer au fer en rabattant 0.5 cm sur le couturage (1.5 cm) du dos droit vers le couturage du dos gauche. *Notch the angle on the right back and on the left back. Iron and fold 0.5 cm of the seam allowance value (1.5 cm) on the right back towards the seam allowance on the left back.*	**Dos droit** *Right back*
7	Ouvrir le dos gauche et repasser en couchant les coutures sur celui-ci. *Open the left back and iron folding the seam allowances.*	
8	Placer le fond du pli fente dos gauche superposé sur le dos droit. Retourner les coutures latérales de la fente sur l'intérieur et piquer nervure. *Place the left back vent on the right back.* *Fold the vent seam allowances to the interior and sew with ribbed topstitching.*	**Dos droit** *Right back* **Dos gauche** *Left back* Milieu dos *Center back*

9	Maintenir les deux profondeurs de pli ensemble en retournant les couturages sur l'intérieur du pli et piquer du point cranté jusqu'au bout de la profondeur de pli fente avec des points d'arrêt en début et fin de piqûre. Araser le couturage à 0.5 cm, repasser et retourner sur l'endroit. *Maintain the two pleat widths together by folding the seam allowances to the pleat interior and stitch from the notched angle to the end of the vent width. Backstitch at each end.* *Trim the seam allowance to 0.5 cm, iron and turn to the right side.*	Dos gauche *Left back*
10	Piquer la couture au cornet du milieu dos en nervure sur l'envers en prenant le fond de pli afin de bloquer le couturage sur l'intérieur du fond. *On the wrong side, sew the center back felled seam with a row of ribbed topstitching maintaining the vent interior to the seam allowance.*	1. 2. Dos gauche *Left back* Dos gauche *Left back* Dos droit *Right back*
11	Repassage final. *Final ironing.*	

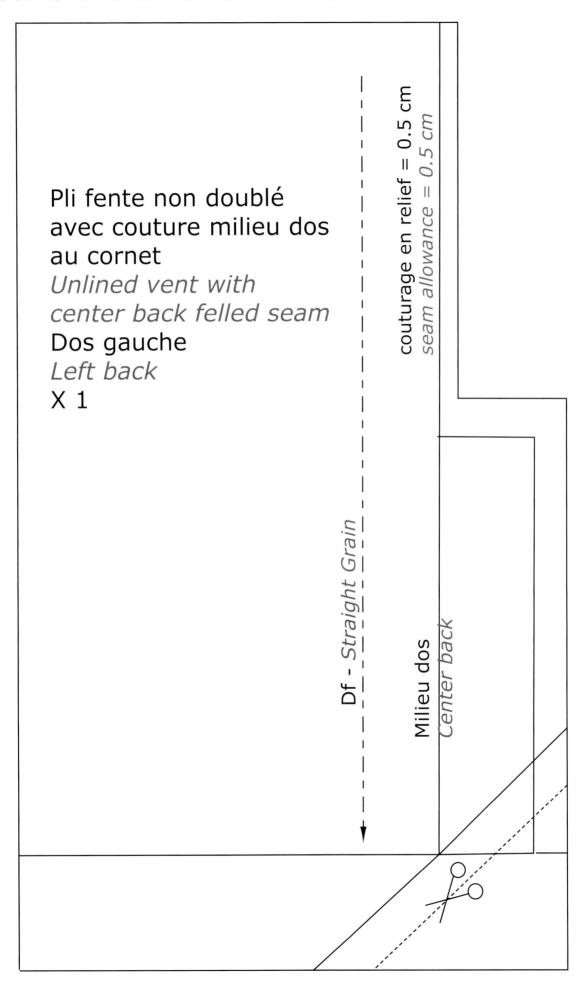

Pli fente non doublé avec couture milieu dos au cornet
Unlined vent with center back felled seam
Dos gauche
Left back
X 1

couturage en relief = 0.5 cm
seam allowance = 0.5 cm

Df - *Straight Grain*

Milieu dos
Center back

Tracé Pli fente non doublé avec couture milieu dos au cornet
Outline for unlined vent with center back felled seam

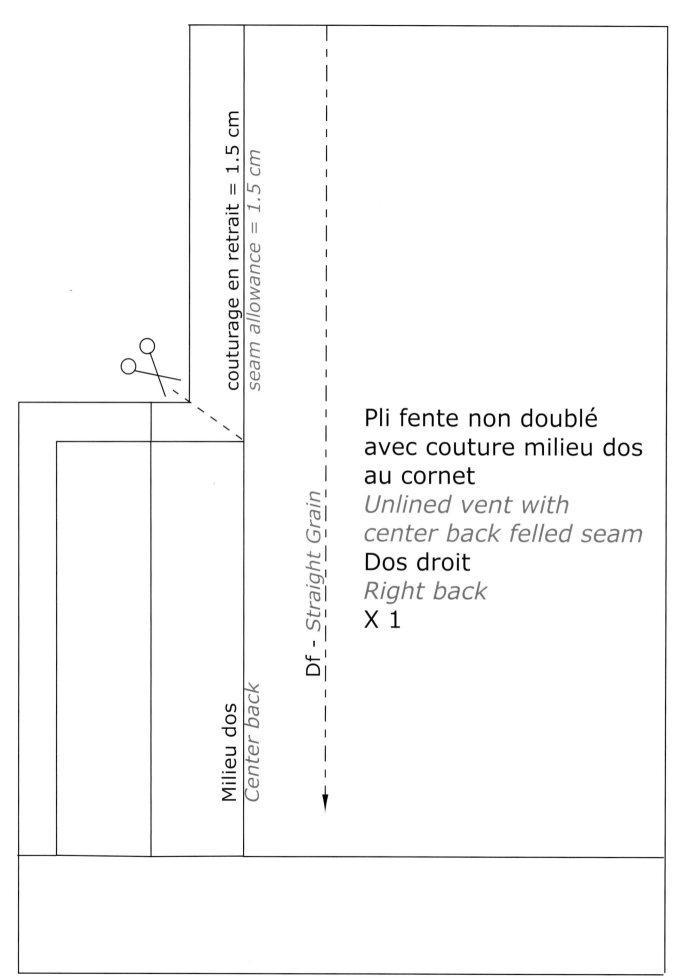

couturage en retrait = 1.5 cm

seam allowance = 1.5 cm

Df - *Straight Grain*

Milieu dos

Center back

Pli fente non doublé
avec couture milieu dos
au cornet
*Unlined vent with
center back felled seam*
Dos droit
Right back
X 1

PLI FENTE DOUBLÉ (PRÊT-À-PORTER) (FEMME)
LINED VENT (READY-TO-WEAR) (WOMEN'S WEAR)

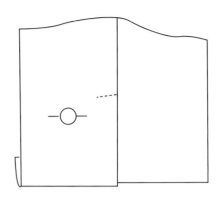
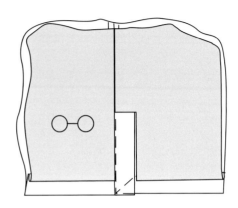

Eléments nécessaires :
- 1 dos droit selon gabarit
- 1 dos gauche selon gabarit
- 1 dos droit doublure selon gabarit
- 1 dos gauche doublure selon gabarit

Necessary elements :
- *1 right back according to garment design and style*
- *1 left back according to garment design and style*
- *1 right back lining according to garment design and style*
- *1 left back lining according to garment design and style*

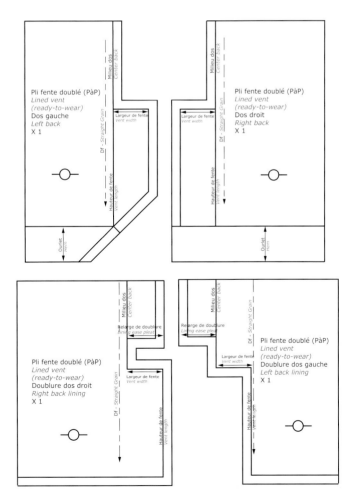

N°	Opérations *Procedures*	Schémas *Diagrams*
1	Repasser les tissus avant de couper les deux dos et les deux dos doublure. *Iron the fabrics before cutting the two back fabric pieces and the two back lining pieces.*	
2	Thermocoller sur l'envers l'emplacement de la fente sur le vêtement ou la partie fente elle-même. *On the wrong side of fabric, iron the fusible interfacing on the finished vent placement or on the vent part.*	Dos gauche *Left back* Thermocollant *Fusible interfacing*
3	**Vêtement :** Assembler les milieux dos à 1 cm endroit contre endroit du haut du vêtement jusqu'à 1 cm au dessous du décochement de la fente ; faire un point d'arrêt puis continuer de fermer la largeur de la fente avec les points machine les plus grands possibles jusqu'au bas du vêtement fini (haut de l'ourlet). ***Garment :*** *With right sides together, assemble the center back seam from the top of the garment until 1 cm below the angle at the beginning of the vent. Backstitch, then continue stitching (use the longest machine stitch length possible), closing the vent until the hemline (upper edge of hem).*	Dos gauche *Left back* Points d'arrêt *Backstitch*

| 4 | Repasser coutures ouvertes jusqu'au décochement et sur l'envers, cranter en capucin la couture de la partie gauche (dos droit) jusqu'au point d'arrêt. *Iron seam open. On the wrong side of fabric, notch the angle on the left part (right back) until the backstitching.* | |

| 5 | Retourner les deux côtés de l'onglet de la partie droite (dos gauche) endroit contre endroit et assembler de l'angle jusqu'à 1 cm du bord de couturage. Point d'arrêt.
Cranter l'angle, retourner, repasser en plaçant les coutures ouvertes.
With right sides together, turn both sides of the mitered angle on the right part (left back) and stitch until 1 cm from the end. Backstitch.
Clip the angle, turn and iron seam open. | |

| 6 | Replacer la partie fente gauche (dos droit) sur la partie droite (dos gauche) et repasser.
En gardant la fente fermée, replier la valeur d'ourlet sur l'envers et repasser pour en marquer l'emplacement sur les deux parties.
Place the left part of the vent (right back) on the right part of the vent (left back) and iron.
Maintaining the vent closed, iron the hem value on the wrong side in order to mark the hemline on both pieces. | |

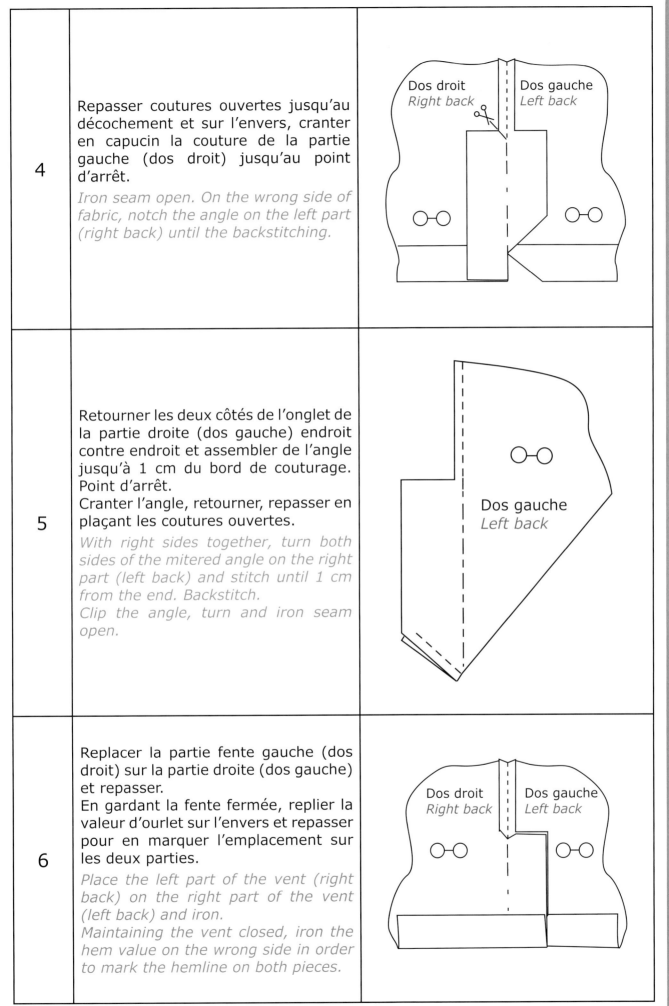

7	Rentrer la partie droite du rempli (valeur d'ourlet) sous la partie gauche et replier le couturage latéral de la partie gauche sur 1 cm. *On the right part, fold 1 cm lateral seam allowance value along the vent edge. (Maintain foldline marking the hem value.)*	Dos droit / *Right back* — Dos gauche / *Left back* _Pliure_ - _Foldline_
8	**Doublure :** Assembler les relarges de milieux dos à 1 cm endroit contre endroit du haut du vêtement jusqu'à 1 cm au dessous du décochement de la fente ; faire un point d'arrêt. ***Lining :*** *With right sides together, assemble the center back ease pleat and vent by stitching at 1 cm from the edge. Finish with backstitching at 1 cm above the vent opening.*	Dos gauche / *Left back*
9	Retourner la partie du dessus en repliant la valeur de relarge et repasser. *Turn the upper part of the lining folding the ease pleat value. Iron.*	Pli de relarge / *Ease pleat* Dos droit / *Right back* — Dos gauche / *Left back*

10	Retourner la doublure sur l'envers et la positionner sur l'ourlet de la partie gauche ; piquer à 1 cm d'un bord à l'autre. *Turn the lining to the wrong side and place it on the garment hemline (left part). Stitch from end to end at 1 cm from the edge.*	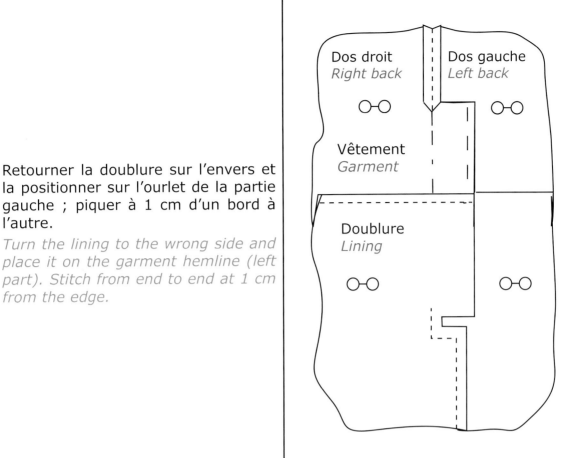
11	Positionner la doublure de la partie droite 2 cm à l'intérieur du bord replié de la partie droite et piquer à 1 cm en laissant dégager le cm de couturage côté fente (arrivée de la piqûre de l'onglet). *Place the lining (right part) on the fabric (right part) at 2 cm from the marked hemline. Stitch at 1 cm from the edge until 1 cm before the end leaving the seam allowance free at the vent. (Intersection point with mitered seam.)*	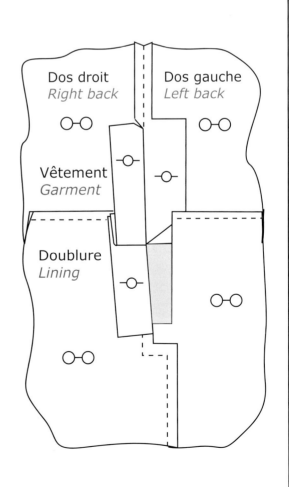

12	Retourner endroit contre endroit la partie gauche de la doublure sur l'ouverture de la fente gauche en repliant la valeur d'ourlet (cran). La longueur de doublure étant plus longue, la relarge de longueur sera pliée au niveau de l'ourlet. Piquer à 1 cm d'un bord à l'autre. Cranter l'angle et retourner. Repasser. *With right sides together, turn the lining (left part) on the vent opening (left part) by folding along the marked hemline (notch).* *As the lining length is longer than the garment length, the lining ease pleat will be folded at the hemline.* *Stitch along the vent at 1 cm from the edge.* *Clip the angle and turn.* *Iron.*	Doublure *Lining* Ourlet *Hem* Vêtement - *Garment* Doublure - *Lining*
13	Présenter la doublure sur la fente et cranter l'angle de la doublure. Epingler la doublure sur la partie droite (A). *Place the lining on the vent and notch the angle at (A).* *Pin the lining (right part) to the garment at (A).*	Dos droit *Right back* Dos gauche *Left back* A
14	Ecarter la partie gauche le plus possible et repasser la valeur de relarge de doublure de la partie droite (elle doit arriver au même niveau que sur la partie gauche). Repasser l'angle et la pliure de la doublure (B). *Hold the left part aside and iron the lining ease pleat (right part). The right part should be on the same level as the left part.* *Iron the angle (B) and the lining foldline.*	Dos droit *Right back* Dos gauche *Left back* A B

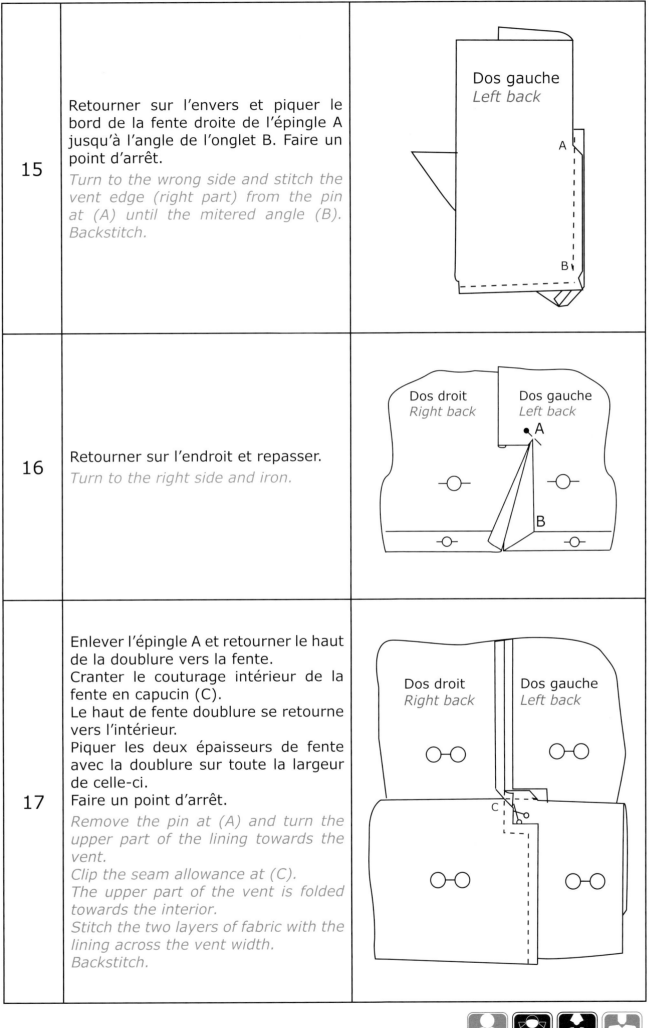

15	Retourner sur l'envers et piquer le bord de la fente droite de l'épingle A jusqu'à l'angle de l'onglet B. Faire un point d'arrêt. *Turn to the wrong side and stitch the vent edge (right part) from the pin at (A) until the mitered angle (B). Backstitch.*	Dos gauche *Left back* A B
16	Retourner sur l'endroit et repasser. *Turn to the right side and iron.*	Dos droit *Right back* Dos gauche *Left back* A B
17	Enlever l'épingle A et retourner le haut de la doublure vers la fente. Cranter le couturage intérieur de la fente en capucin (C). Le haut de fente doublure se retourne vers l'intérieur. Piquer les deux épaisseurs de fente avec la doublure sur toute la largeur de celle-ci. Faire un point d'arrêt. *Remove the pin at (A) and turn the upper part of the lining towards the vent.* *Clip the seam allowance at (C).* *The upper part of the vent is folded towards the interior.* *Stitch the two layers of fabric with the lining across the vent width.* *Backstitch.*	Dos droit *Right back* Dos gauche *Left back* C

18	Retourner, repasser et épingler la fente et l'ourlet avant de fixer l'ouverture de la fente et l'ourlet par une bande thermocollante ou par un point de chausson (voir OURLET INVISIBLE). *Turn, iron and pin the vent and the hem before maintaining the vent and hem with a strip if fusible interfacing or with a catch stitch. (See INVISIBLE HEM.)*
19	Repassage final. La piqûre de maintien de l'étape 3 peut rester jusqu'à la livraison du produit sur le lieu de vente. *Final ironing.* *The machine basting (Step 3) will remain intact until the garment has been delivered to the point of sale.*

NOTES /

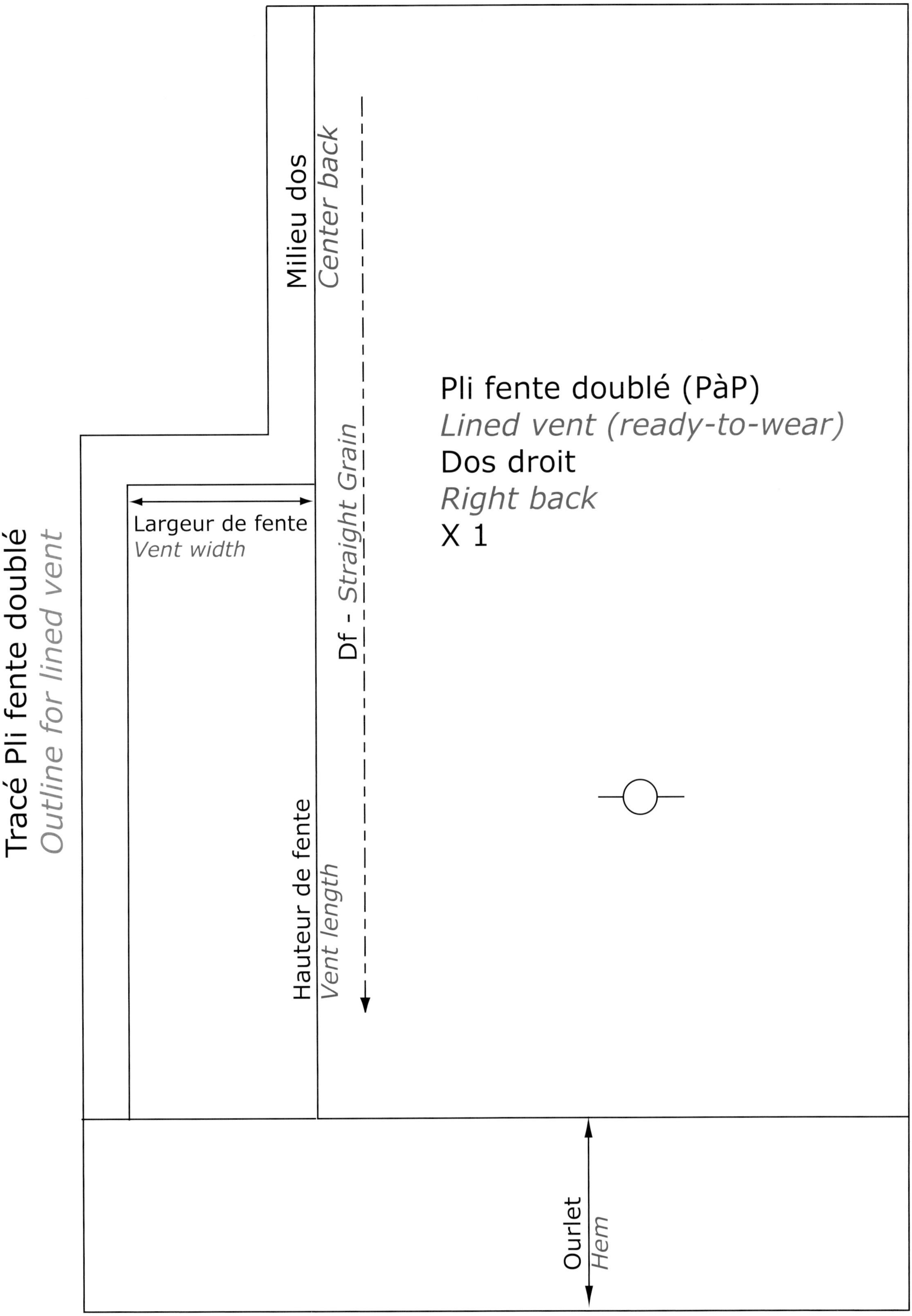

Tracé Pli fente doublé
Outline for lined vent

Milieu dos
Center back

Df - *Straight Grain*

Largeur de fente
Vent width

Pli fente doublé (PàP)
Lined vent (ready-to-wear)
Dos droit
Right back
X 1

Hauteur de fente
Vent length

Ourlet
Hem

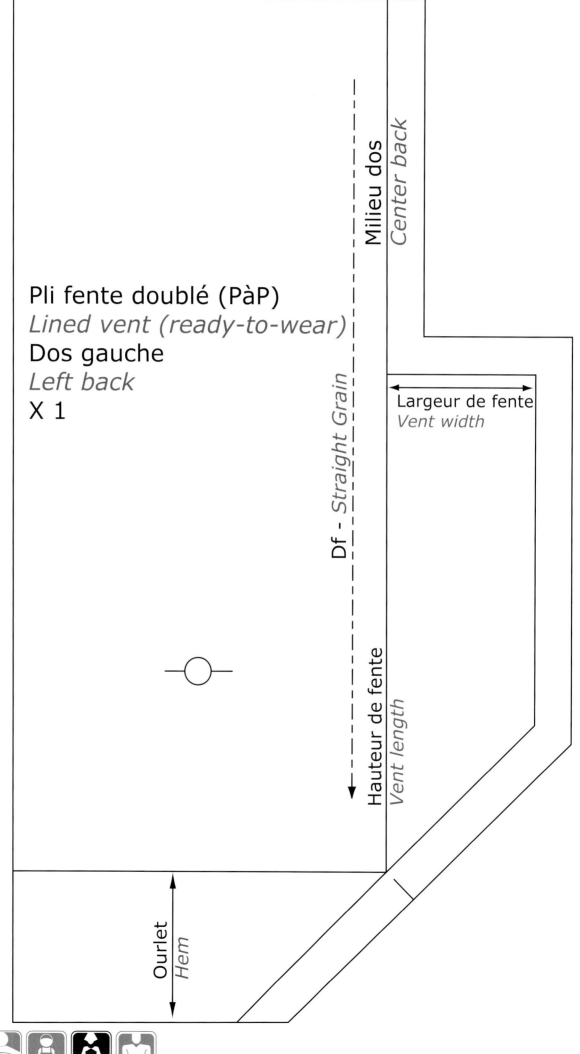

Tracé Pli fente doublé
Outline for lined vent

Pli fente doublé (PàP)
Lined vent (ready-to-wear)
Dos gauche
Left back
X 1

Df - *Straight Grain*

Milieu dos
Center back

Largeur de fente
Vent width

Hauteur de fente
Vent length

Ourlet
Hem

Tracé Pli fente doublé
Outline for lined vent

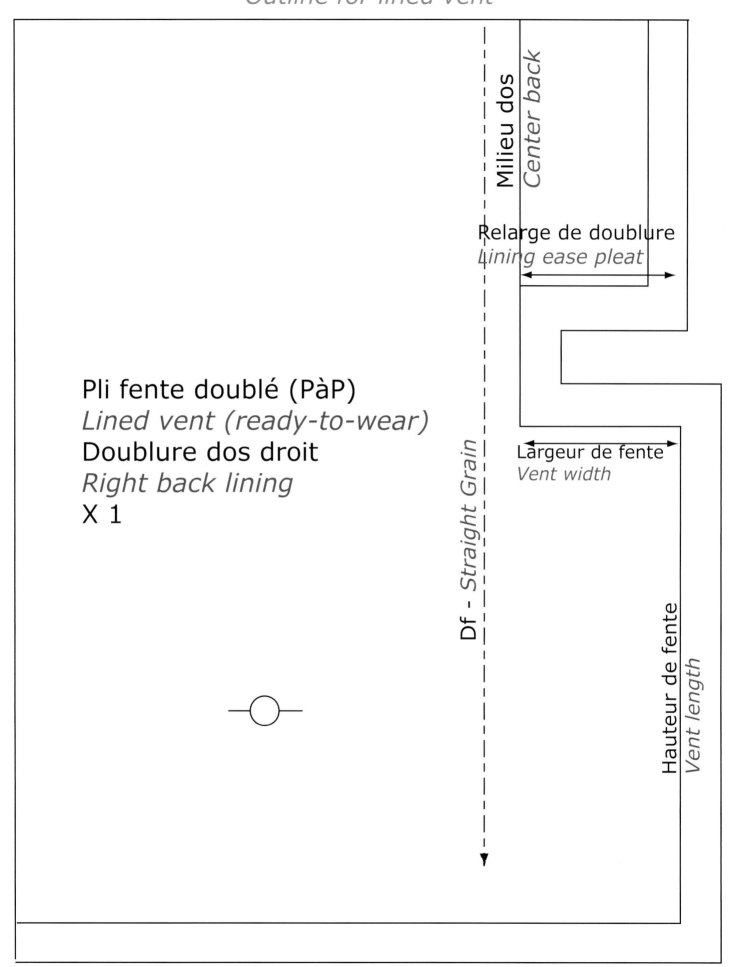

Milieu dos
Center back

Relarge de doublure
Lining ease pleat

Pli fente doublé (PàP)
Lined vent (ready-to-wear)
Doublure dos droit
Right back lining
X 1

Df - *Straight Grain*

Largeur de fente
Vent width

Hauteur de fente
Vent length

Tracé Pli fente doublé
Outline for lined vent

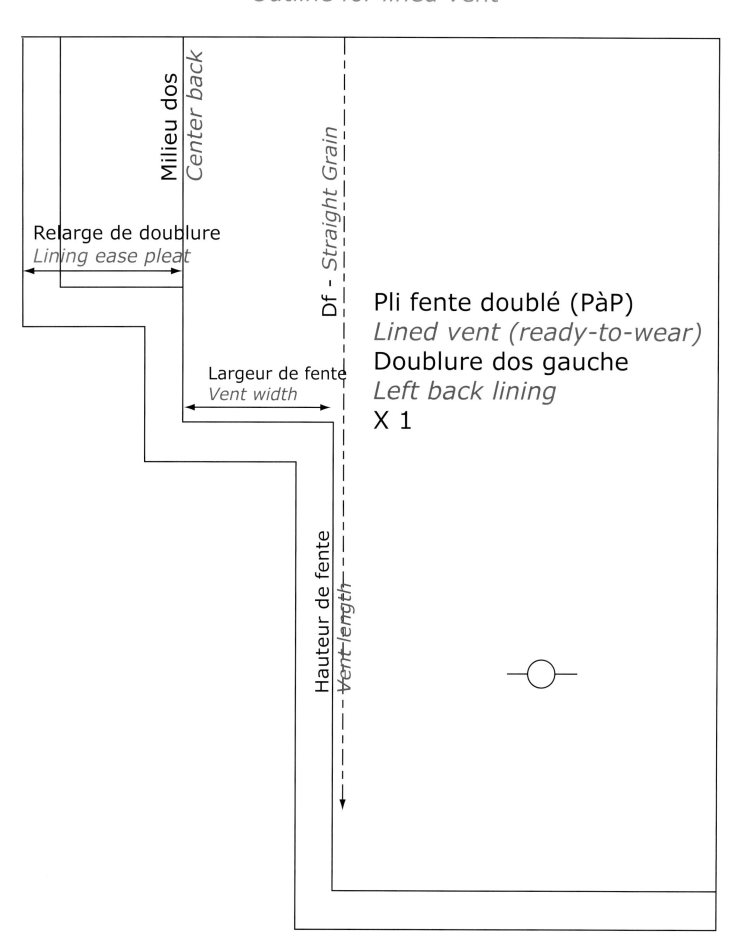

Milieu dos
Center back

Df - *Straight Grain*

Relarge de doublure
Lining ease pleat

Largeur de fente
Vent width

Hauteur de fente
Vent length

Pli fente doublé (PàP)
Lined vent (ready-to-wear)
Doublure dos gauche
Left back lining
X 1

PLI FENTE NON DOUBLÉ (HOMME)
UNLINED VENT (MEN'S WEAR)

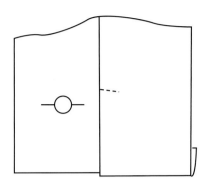 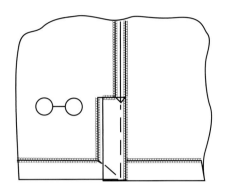

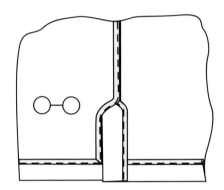 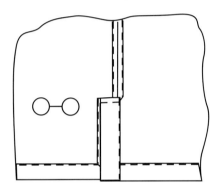

Eléments nécessaires :
- 1 dos droit selon gabarit
- 1 dos gauche selon gabarit

Necessary elements :
- *1 right back piece according to garment design and style*
- *1 left back piece according to garment design and style*

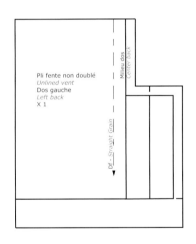 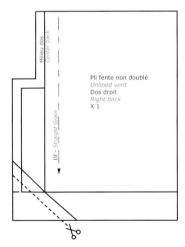

N°	Opérations *Procedures*	Schémas *Diagrams*
1	Repasser la toile avant de couper les deux dos. *Iron the muslin before cutting the two back pieces.*	

2

Onglet du dos droit :
Préparer la forme de l'onglet selon les valeurs de pli fente et d'ourlet.
Plier l'onglet endroit contre endroit et piquer l'angle en partant de l'angle et en s'arrêtant à 1 cm du bord afin de laisser le couturage libre pour le montage d'un biais de bordure ou d'un rempli simple de propreté.
Point d'arrêt.
Dégager l'angle en perpendiculaire au milieu dos.

Right back mitered angle :
Prepare the angle according to the vent width and the hem width.
Fold the angle with right sides together, and stitch from the foldline until 1 cm from the end. Backstitch.
This leaves the seam allowance value free for a bias finishing or a simple felled hem.
Clip the angle at a perpendicular to the center back line.

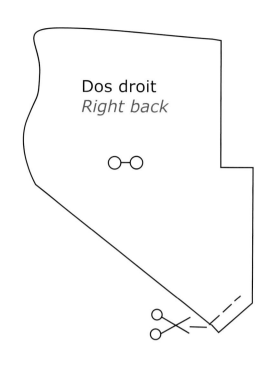

Dos droit
Right back

3

N.B. L'onglet n'est pas obligatoirement coupé à l'intérieur. Dans ce cas, plier la réserve de tissu, repasser et retourner.
Repasser à nouveau.

Note : The interior of the mitered angle is not always clipped. In this case, fold the excess fabric, iron and turn.
Iron again.

4

Ourlet du dos gauche :
Endroit contre endroit, plier le retour du pli fente et piquer jusqu'à 1 cm du bord de celui-ci afin de laisser le couturage libre pour le montage d'un biais de bordure ou d'un rempli simple de propreté.
Retourner, repasser.

Left back hem :
With right sides together, fold the inner part of the vent and stitch from the foldline until 1 cm from the end. This leaves the seam allowance free for a bias finishing or a simple felled hem.
Turn, iron.

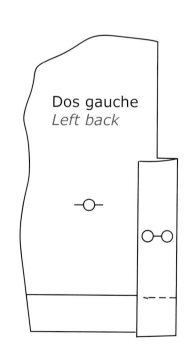

Dos gauche
Left back

5	Superposer les deux dos endroit contre endroit et assembler les milieux dos sur la valeur de couturage (1 cm) jusqu'au pli fente (1.5 cm en dessous du décochement des deux pièces - Point A). Terminer la piqûre par un point d'arrêt. *Place the two backs with right sides together and stitch the center back seam (1 cm seam allowance value) until the vent (1.5 cm below the angle - Point A).* *Backstitch at the end of the seam.*	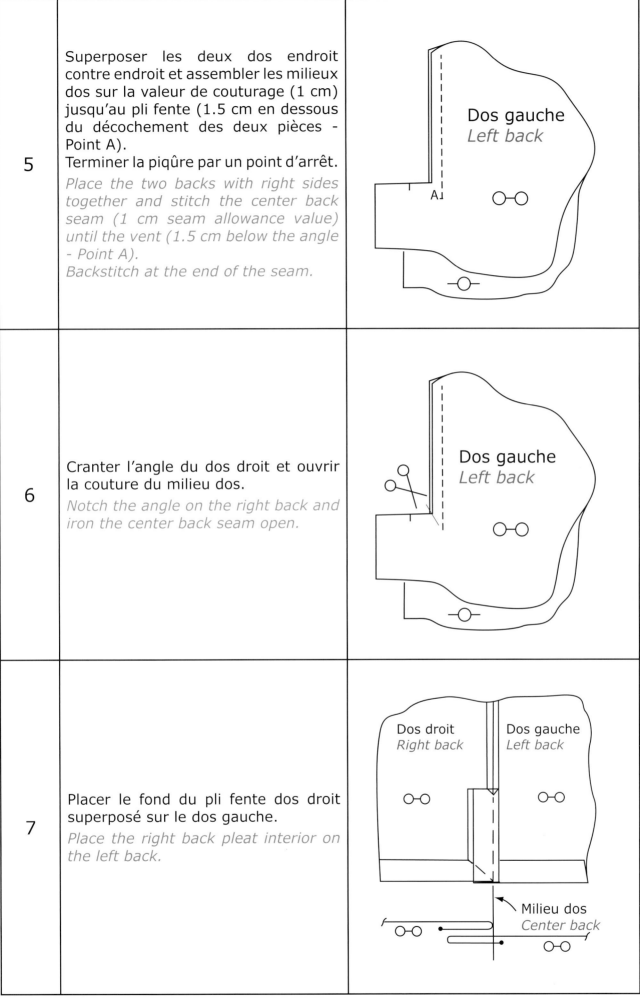
6	Cranter l'angle du dos droit et ouvrir la couture du milieu dos. *Notch the angle on the right back and iron the center back seam open.*	
7	Placer le fond du pli fente dos droit superposé sur le dos gauche. *Place the right back pleat interior on the left back.*	

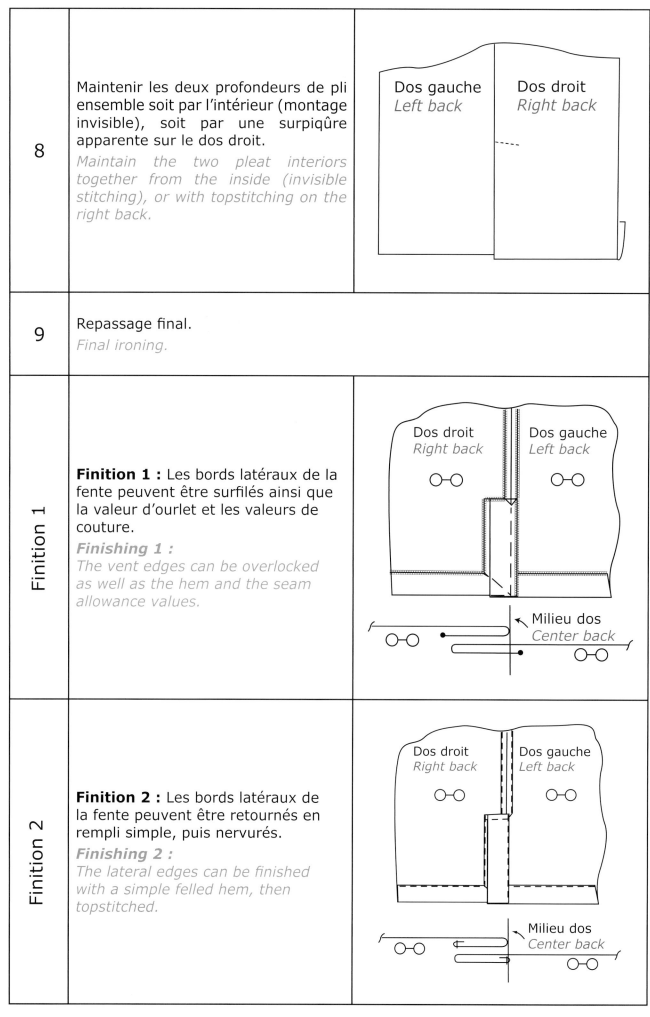

8	Maintenir les deux profondeurs de pli ensemble soit par l'intérieur (montage invisible), soit par une surpiqûre apparente sur le dos droit. *Maintain the two pleat interiors together from the inside (invisible stitching), or with topstitching on the right back.*	**Dos gauche** *Left back* **Dos droit** *Right back*
9	Repassage final. *Final ironing.*	
Finition 1	**Finition 1 :** Les bords latéraux de la fente peuvent être surfilés ainsi que la valeur d'ourlet et les valeurs de couture. *Finishing 1 :* *The vent edges can be overlocked as well as the hem and the seam allowance values.*	**Dos droit** *Right back* **Dos gauche** *Left back* **Milieu dos** *Center back*
Finition 2	**Finition 2 :** Les bords latéraux de la fente peuvent être retournés en rempli simple, puis nervurés. *Finishing 2 :* *The lateral edges can be finished with a simple felled hem, then topstitched.*	**Dos droit** *Right back* **Dos gauche** *Left back* **Milieu dos** *Center back*

Finition 3

Finition 3 : Les bords latéraux ainsi que les coutures du milieu dos, couchées vers le dos gauche peuvent être bordés par un biais. En ce cas, border le bord latéral du dos gauche en laissant en bas et en haut une valeur de biais, telle que celle-ci soit prise dans le biais bordant les coutures milieu dos et le bord latéral du dos droit.

Finishing 3 :

The vertical edges as well as the center back seam allowances (folded towards the center back), can be trimmed with a bias tape. In this case, place the bias tape on the vertical edge of the left back leaving an excess value at the top and bottom. This excess will then be covered by the bias tape along the center back and the vertical edge of the right back.

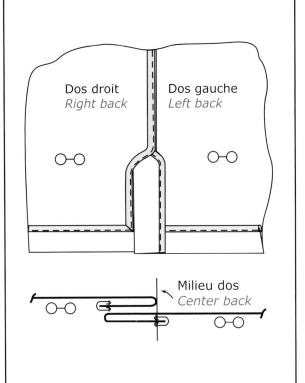

Dos droit
Right back

Dos gauche
Left back

Milieu dos
Center back

NOTES /

Tracé Pli fente non doublé (avec onglet préparé)
Outline for unlined vent (with mitered angle)

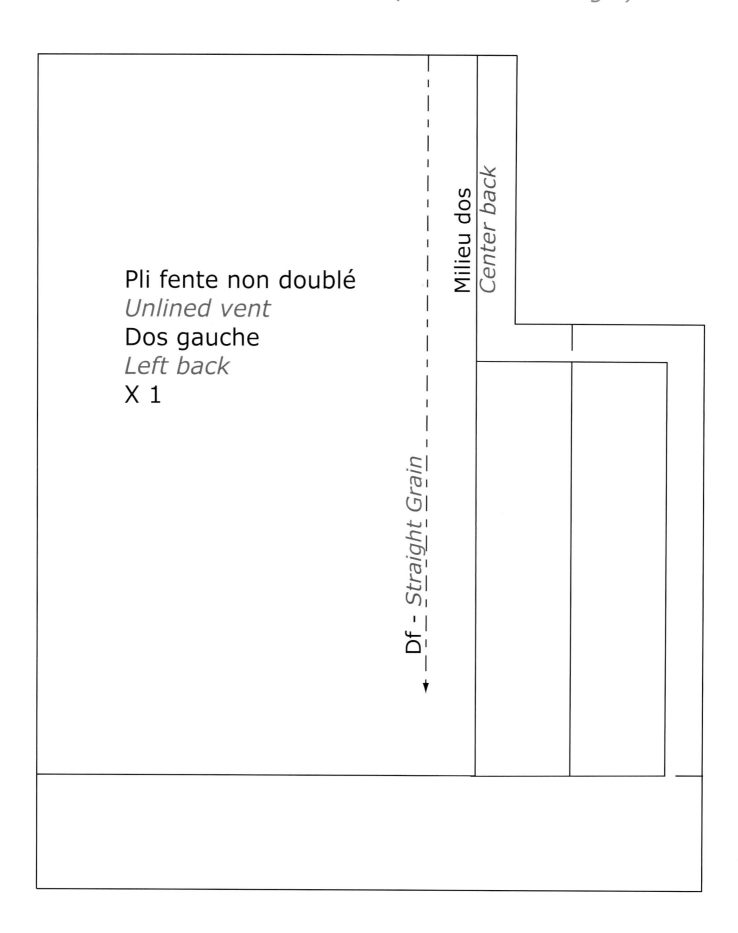

Pli fente non doublé
Unlined vent
Dos gauche
Left back
X 1

Milieu dos
Center back

Df - *Straight Grain*

Tracé Pli fente non doublé (avec onglet préparé)
Outline for unlined vent (with mitered angle)

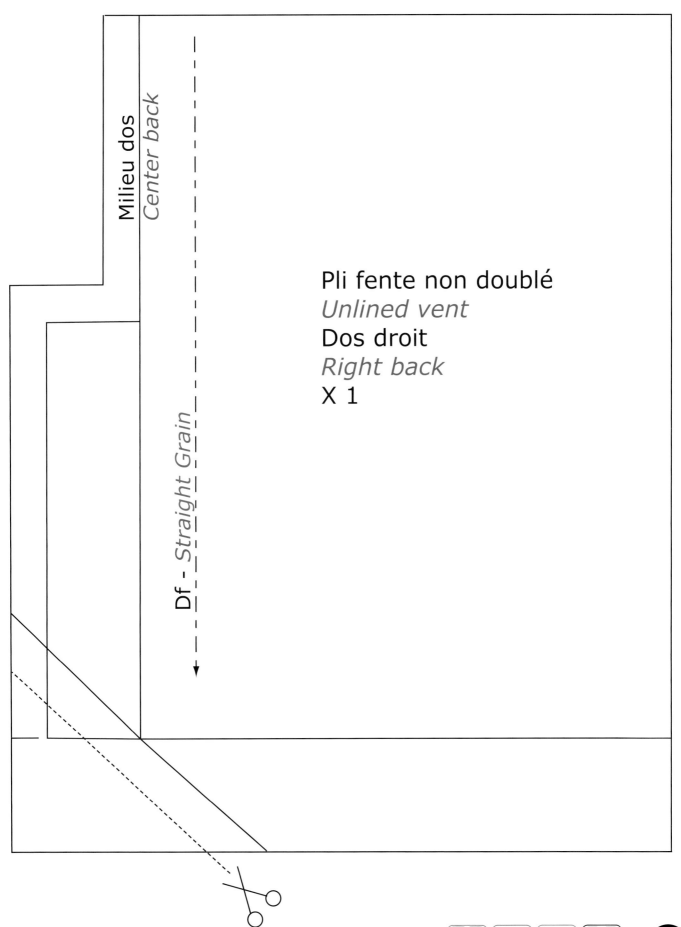

Milieu dos
Center back

Df - *Straight Grain*

Pli fente non doublé
Unlined vent
Dos droit
Right back
X 1

PLI FENTE NON DOUBLÉ
AVEC MILIEU DOS COUTURE AU CORNET (HOMME)
UNLINED VENT
WITH CENTER BACK FELLED SEAM (MEN'S WEAR)

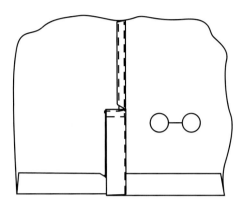
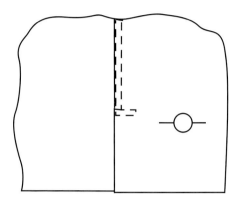

Eléments nécessaires :
- 1 dos droit selon gabarit
- 1 dos gauche selon gabarit

Necessary elements :
- *1 right back piece according to garment design and style*
- *1 left back piece according to garment design and style*

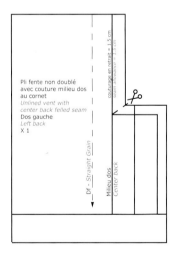
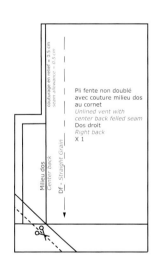

N°	Opérations *Procedures*	Schémas *Diagrams*
1	Repasser la toile avant de couper les deux dos. *Iron the muslin before cutting the two backs.*	

2	**Onglet du dos droit :** Préparer la forme de l'onglet selon les valeurs de pli fente et d'ourlet. Plier l'onglet endroit contre endroit et piquer l'angle en partant de l'angle et en s'arrêtant à 1 cm du bord afin de laisser le couturage libre pour le montage d'un biais de bordure ou d'un rempli simple de propreté. Point d'arrêt. Dégager l'angle en perpendiculaire au milieu dos. *Right back mitered angle :* *Prepare the angle according to the vent width and the hem width.* *Fold the angle with right sides together, and stitch from the foldline until 1 cm from the end. Backstitch.* *This leaves the seam allowance value free for a bias finishing or a simple felled hem.* *Clip the angle at a perpendicular to the center back line.*	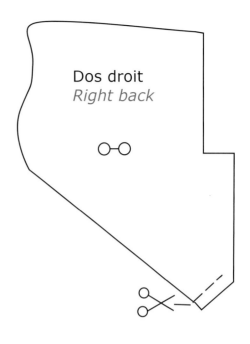
3	N.B. L'onglet n'est pas obligatoirement coupé à l'intérieur. Dans ce cas, plier la réserve de tissu, repasser et retourner. Repasser à nouveau. *Note : The interior of the mitered angle is not always clipped. In this case, fold the excess fabric, iron and turn.* *Iron again.*	
4	**Ourlet du dos gauche :** Endroit contre endroit, plier le retour du pli fente et piquer jusqu'à 1 cm du bord de celui-ci afin de laisser le couturage libre pour le montage d'un biais de bordure ou d'un rempli simple de propreté. Point d'arrêt. Retourner, repasser. *Left back hem :* *With right sides together, fold the inner part of the pleat and stitch from the foldline until 1 cm from the end. Backstitch.* *This leaves the seam allowance value free for a bias finishing or a simple felled hem.* *Turn, iron.*	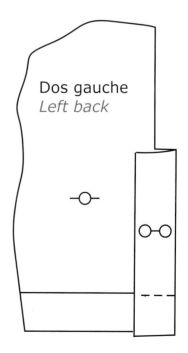

5	Superposer les deux dos endroit contre endroit et assembler les milieux dos sur la valeur de couturage (1.5 cm sur le dos gauche et 0.5 cm sur le dos droit) jusqu'au pli fente (1.5 cm en dessous du décochement des deux pièces - Point A). Terminer la piqûre par un point d'arrêt. *Place the two backs with right sides together and stitch the center back seam (1.5 cm on the left back and 0.5 cm on the right back) until the vent (1.5 cm below the angle - Point A).* *Backstitch at the end of the seam.*	Dos droit *Right back* A
6	Cranter l'angle du dos gauche et du dos droit. Puis préparer au fer en rabattant 0.5 cm sur le couturage (1.5 cm) du dos gauche vers le couturage du dos droit. *Notch the angle on the left back and on the right back. Iron and fold 0.5 cm of the seam allowance value (1.5 cm) on the left back towards the seam allowance on the right back.*	Dos gauche *Left back*
7	Ouvrir le dos droit et repasser en couchant les coutures sur celui-ci. *Open the right back and iron folding the seam allowances.*	
8	Placer le fond du pli fente dos droit superposé sur le dos gauche. Retourner les coutures latérales de la fente sur l'intérieur et piquer nervure. *Place the right back vent on the left back.* *Fold the vent seam allowances to the interior and sew with ribbed topstitching.*	Dos droit *Right back* Dos gauche *Left back* Milieu dos *Center back*

156

9	Maintenir les deux profondeurs de pli ensemble en retournant les couturages sur l'intérieur du pli et piquer du point cranté jusqu'au bout de la profondeur de pli fente avec des points d'arrêt en début et en fin de piqûre. Araser le couturage à 0.5 cm, repasser et retourner sur l'endroit. *Maintain the two pleat widths together by folding the seam allowances to the pleat interior and stitch from the notched angle to the end of the vent width. Backstitch at each end.* *Trim the seam allowance to 0.5 cm, iron and turn to the right side.*	Dos gauche *Left back* Dos droit *Right back*
10	Piquer la couture au cornet du milieu dos en nervure sur l'envers en prenant le fond de pli afin de bloquer le couturage sur l'intérieur du fond. *On the wrong side, sew the center back felled seam with a row of ribbed topstitching maintaining the vent interior to the seam allowance.*	Dos droit *Right back* Dos gauche *Left back* — Dos droit *Right back*
11	Repassage final. *Final ironing.*	

Tracé Pli fente non doublé avec couture milieu dos au cornet
Outline for unlined vent with center back felled seam

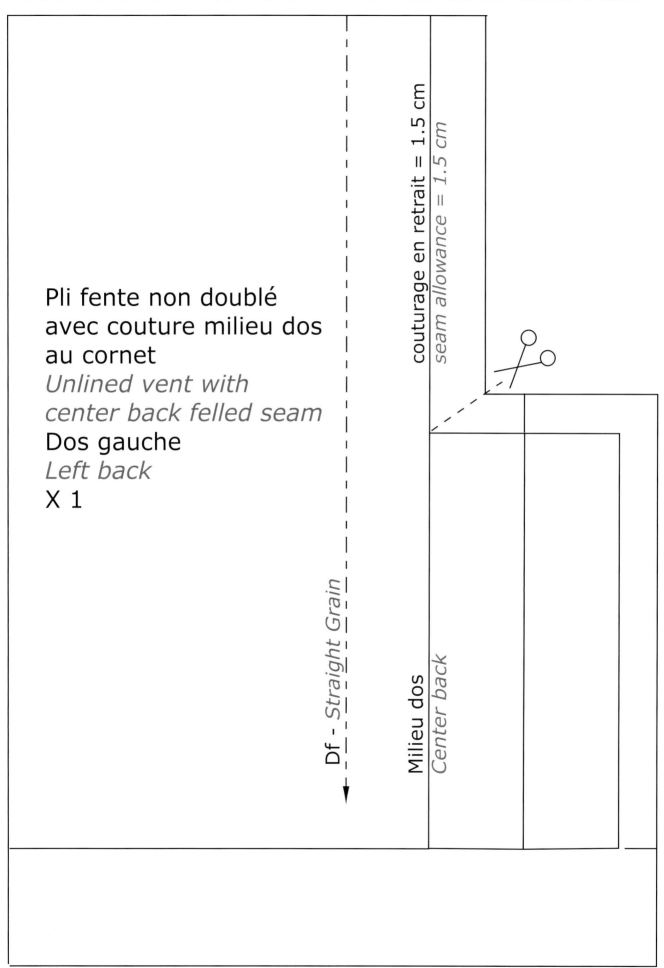

Pli fente non doublé
avec couture milieu dos
au cornet
*Unlined vent with
center back felled seam*
Dos gauche
Left back
X 1

Df - *Straight Grain*

couturage en retrait = 1.5 cm
seam allowance = 1.5 cm

Milieu dos
Center back

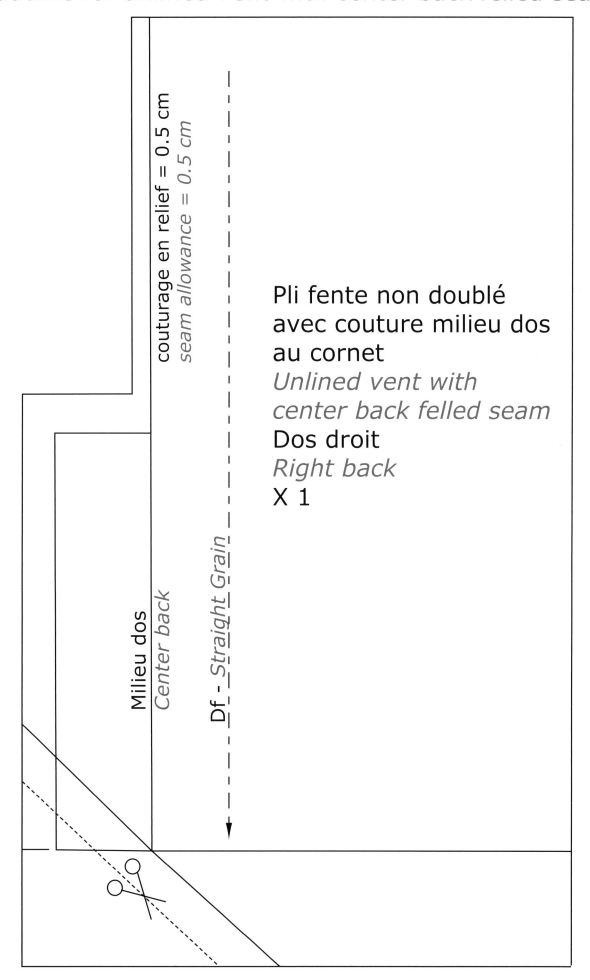

couturage en relief = 0.5 cm
seam allowance = 0.5 cm

Pli fente non doublé avec couture milieu dos au cornet
Unlined vent with center back felled seam
Dos droit
Right back
X 1

Milieu dos
Center back

Df - *Straight Grain*

PLI FENTE DOUBLÉ (PRÊT-À-PORTER) (HOMME)
LINED VENT (READY-TO-WEAR) (MEN'S WEAR)

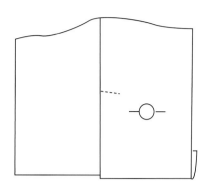 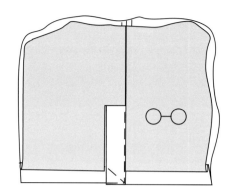

Eléments nécessaires :
- 1 dos droit selon gabarit
- 1 dos gauche selon gabarit
- 1 dos droit doublure selon gabarit
- 1 dos gauche doublure selon gabarit

Necessary elements :
- *1 right back according to garment design and style*
- *1 left back according to garment design and style*
- *1 right back lining according to garment design and style*
- *1 left back lining according to garment design and style*

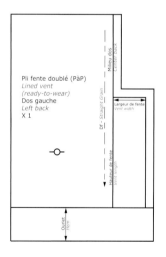 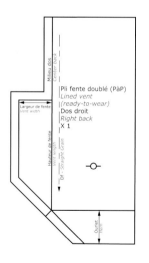

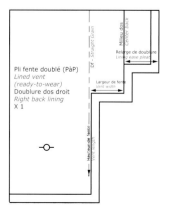 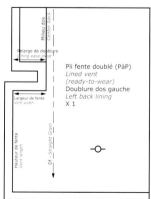

Pli fente doublé (PàP) / Lined vent (ready-to-wear) / Dos gauche / Left back / X 1

Pli fente doublé (PàP) / Lined vent (ready-to-wear) / Dos droit / Right back / X 1

Pli fente doublé (PàP) / Lined vent (ready-to-wear) / Doublure dos droit / Right back lining / X 1

Pli fente doublé (PàP) / Lined vent (ready-to-wear) / Doublure dos gauche / Left back lining / X 1

du confort

Donner...

160

N°	Opérations *Procedures*	Schémas *Diagrams*
1	Repasser les tissus avant de couper les deux dos et les deux dos doublure. *Iron the fabrics before cutting the two back fabric pieces and the two back lining pieces.*	
2	Thermocoller sur l'envers l'emplacement de la fente sur le vêtement ou la partie fente elle-même. *On the wrong side of fabric, iron the fusible interfacing on the finished vent placement or on the vent part.*	Dos droit *Right back* Thermocollant *Fusible interfacing*
3	**Vêtement :** Assembler les milieux dos à 1 cm endroit contre endroit du haut du vêtement jusqu'à 1 cm au dessous du décochement de la fente ; faire un point d'arrêt puis continuer de fermer la largeur de la fente avec les points machine les plus grands possibles jusqu'au bas du vêtement fini (haut de l'ourlet). *Garment :* *With right sides together, assemble the center back seam from the top of the garment until 1 cm below the angle at the beginning of the vent. Backstitch, then continue stitching (use the longest machine stitch length possible), closing the vent until the hemline (upper edge of hem).*	Dos droit *Right back*

4	Repasser coutures ouvertes jusqu'au décochement et sur l'envers, cranter en capucin la couture de la partie droite (dos gauche) jusqu'au point d'arrêt. *Iron seam open.* *On the wrong side of fabric, notch the angle on the right part (left back) until the backstitching.*	 Dos droit *Right back* — Dos gauche *Left back*
5	Retourner les deux côtés de l'onglet de la partie gauche (dos droit) endroit contre endroit et assembler de l'angle jusqu'à 1 cm du bord de couturage. Point d'arrêt. Cranter l'angle, retourner, repasser en plaçant les coutures ouvertes. *With right sides together, turn both sides of the mitered angle on the left part (right back) and stitch until 1 cm from the end. Backstitch.* *Clip the angle, turn and iron seam open.*	Dos droit *Right back*
6	Replacer la partie fente droite (dos gauche) sur la partie gauche (dos droit) et repasser. En gardant la fente fermée, replier la valeur d'ourlet sur l'envers et repasser pour en marquer l'emplacement sur les deux parties. *Place the right part of the vent (left back) on the left part of the vent (right back) and iron.* *Maintaining the vent closed, iron the hem value on the wrong side in order to mark the hemline on both pieces.*	Dos droit *Right back* — Dos gauche *Left back*

7	Rentrer la partie gauche du rempli (valeur d'ourlet) sous la partie droite et replier le couturage latéral de la partie droite sur 1 cm. *On the left part, fold 1 cm lateral seam allowance value along the vent edge. (Maintain foldline marking the hem value.)*	Dos droit *Right back* Dos gauche *Left back* Pliure - *Foldline*
8	**Doublure :** Assembler les relarges de milieux dos à 1 cm endroit contre endroit du haut du vêtement jusqu'à 1 cm au dessous du décochement de la fente; faire un point d'arrêt. *Lining :* *With right sides together, assemble the center back ease pleat and vent angle by stitching at 1 cm from the edge.* *Finish with backstitching at 1 cm above the vent opening.*	Dos droit *Right back*
9	Retourner la partie du dessus en repliant la valeur de relarge et repasser. *Turn the upper part of the lining folding the ease pleat value. Iron.*	Pli de relarge *Ease pleat* Dos droit *Right back* Dos gauche *Left back*

10	Retourner la doublure sur l'envers et la positionner sur l'ourlet de la partie droite ; piquer à 1 cm d'un bord à l'autre. *Turn the lining to the wrong side and place it on the garment hemline (right part). Stitch from end to end at 1 cm from the edge.*	Dos droit *Right back* — Dos gauche *Left back* Vêtement *Garment* Doublure *Lining*
11	Positionner la doublure de la partie gauche 2 cm à l'intérieur du bord replié de la partie gauche et piquer à 1 cm en laissant dégager le cm de couturage côté fente (arrivée de la piqûre de l'onglet). *Place the lining (left part) on the fabric (left part) at 2 cm from the marked hemline. Stitch at 1 cm from the edge until 1 cm before the end leaving the seam allowance free at the vent. (Intersection point with mitered seam.)*	Dos droit *Right back* — Dos gauche *Left back* Vêtement *Garment* Doublure *Lining*

12	Retourner endroit contre endroit la partie droite de la doublure sur l'ouverture de la fente droite en repliant la valeur d'ourlet (cran). La longueur de doublure étant plus longue, la relarge de longueur sera plié au niveau de l'ourlet. Piquer à 1 cm d'un bord à l'autre. Cranter l'angle et retourner. Repasser. *With right sides together, turn the lining (right part) on the vent opening (right part) by folding along the marked hemline (notch).* *As the lining length is longer than the garment length, the lining ease pleat will be folded at the hemline.* *Stitch along the vent at 1 cm from the edge.* *Clip the angle and turn.* *Iron.*	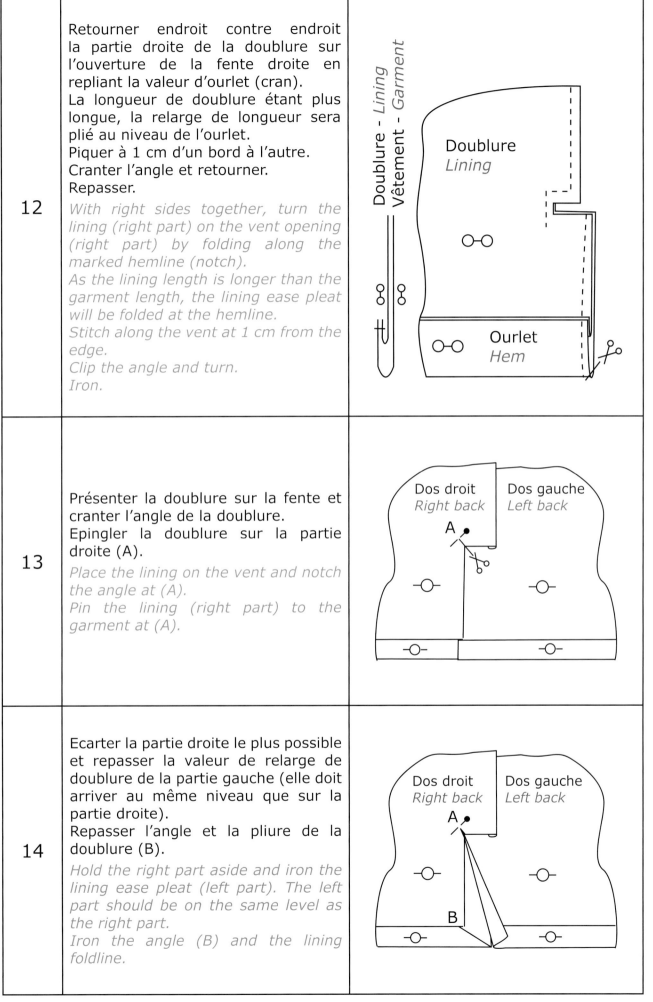
13	Présenter la doublure sur la fente et cranter l'angle de la doublure. Epingler la doublure sur la partie droite (A). *Place the lining on the vent and notch the angle at (A).* *Pin the lining (right part) to the garment at (A).*	
14	Ecarter la partie droite le plus possible et repasser la valeur de relarge de doublure de la partie gauche (elle doit arriver au même niveau que sur la partie droite). Repasser l'angle et la pliure de la doublure (B). *Hold the right part aside and iron the lining ease pleat (left part). The left part should be on the same level as the right part.* *Iron the angle (B) and the lining foldline.*	

15	Retourner sur l'envers et piquer le bord de la fente gauche de l'épingle A jusqu' à l'angle de l'onglet B. Faire un point d'arrêt. *Turn to the wrong side and stitch the vent edge (left part) from the pin at (A) until the mitered angle (B). Backstitch.*	**Dos droit** *Right back* A B
16	Retourner sur l'endroit et repasser. *Turn to the right side and iron.*	**Dos droit** *Right back* **Dos gauche** *Left back* A B
17	Enlever l'épingle A et retourner le haut de la doublure vers la fente. Cranter le couturage intérieur de la fente en capucin (C). Le haut de fente doublure se retourne vers l'intérieur. Piquer les deux épaisseurs de fente avec la doublure sur toute la largeur de celle-ci. Faire un point d'arrêt. *Remove the pin at (A) and turn the upper part of the lining towards the vent.* *Clip the seam allowance at (C).* *The upper part of the vent is folded towards the interior.* *Stitch the two layers of fabric with the lining across the vent width.* *Backstitch.*	**Dos droit** *Right back* **Dos gauche** *Left back* C

18	Retourner, repasser et épingler la fente et l'ourlet avant de fixer l'ouverture de la fente et l'ourlet par une bande thermocollante ou par un point de chausson (voir OURLET INVISIBLE). *Turn, iron and pin the vent and the hem before maintaining the vent and hem with a strip if fusible interfacing or with a catch stitch. (See INVISIBLE HEM.)*
19	Repassage final. La piqûre de maintien de l'étape 3 peut rester jusqu'à la livraison du produit sur le lieu de vente. *Final ironing.* *The machine basting (Step 3) will remain intact until the garment has been delivered to the point of sale.*

NOTES /

Tracé Pli fente doublé
Outline for lined vent

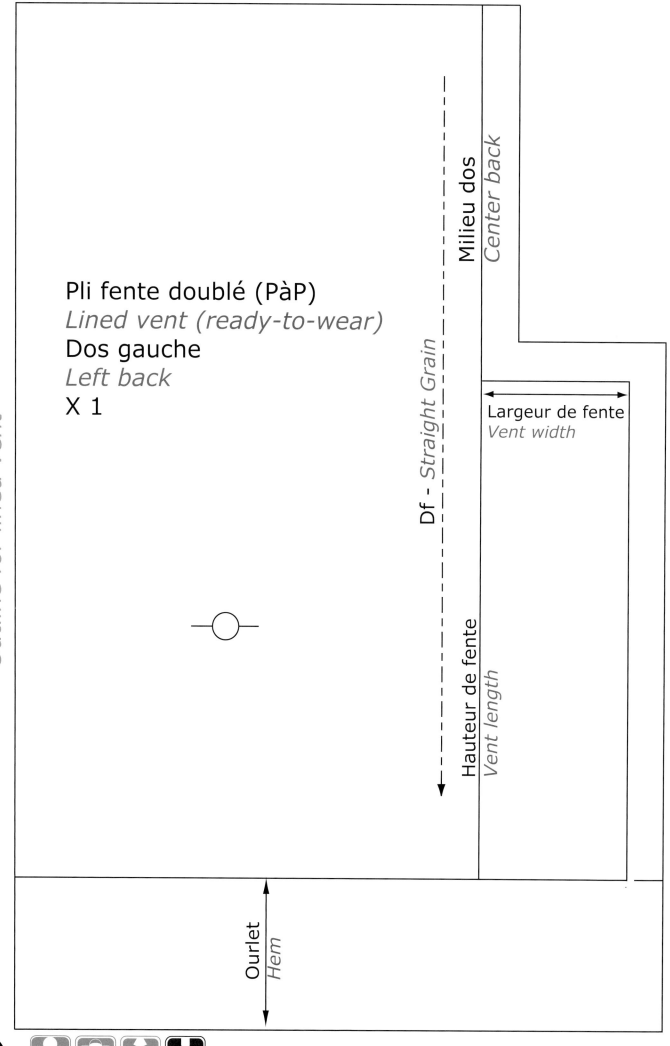

Pli fente doublé (PàP)
Lined vent (ready-to-wear)
Dos gauche
Left back
X 1

Milieu dos
Center back

Df - *Straight Grain*

Largeur de fente
Vent width

Hauteur de fente
Vent length

Ourlet
Hem

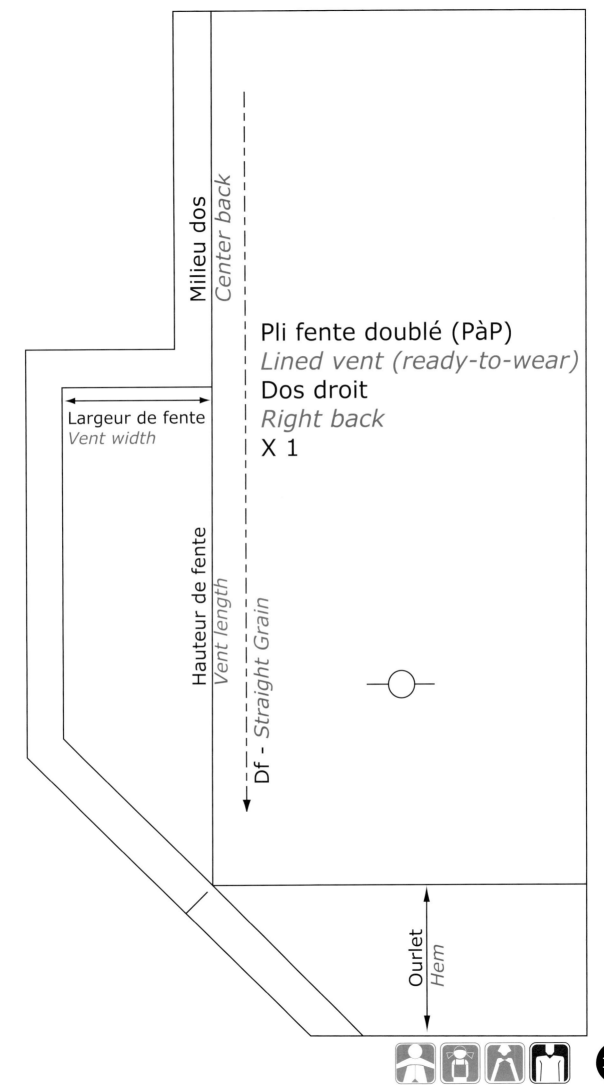

Tracé Pli fente doublé
Outline for lined vent

Milieu dos
Center back

Pli fente doublé (PàP)
Lined vent (ready-to-wear)
Dos droit
Right back
X 1

Largeur de fente
Vent width

Hauteur de fente
Vent length

Df - *Straight Grain*

Ourlet
Hem

Tracé Pli fente doublé
Outline for lined vent

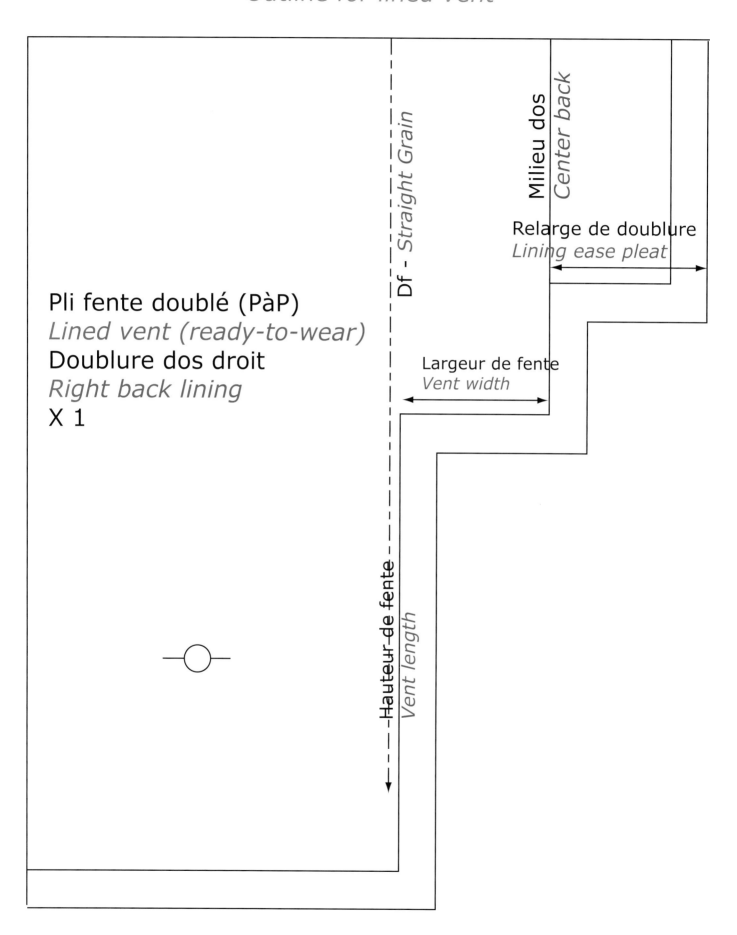

Df - Straight Grain

Milieu dos
Center back

Relarge de doublure
Lining ease pleat

Pli fente doublé (PàP)
Lined vent (ready-to-wear)
Doublure dos droit
Right back lining
X 1

Largeur de fente
Vent width

Hauteur de fente
Vent length

Tracé Pli fente doublé
Outline for lined vent

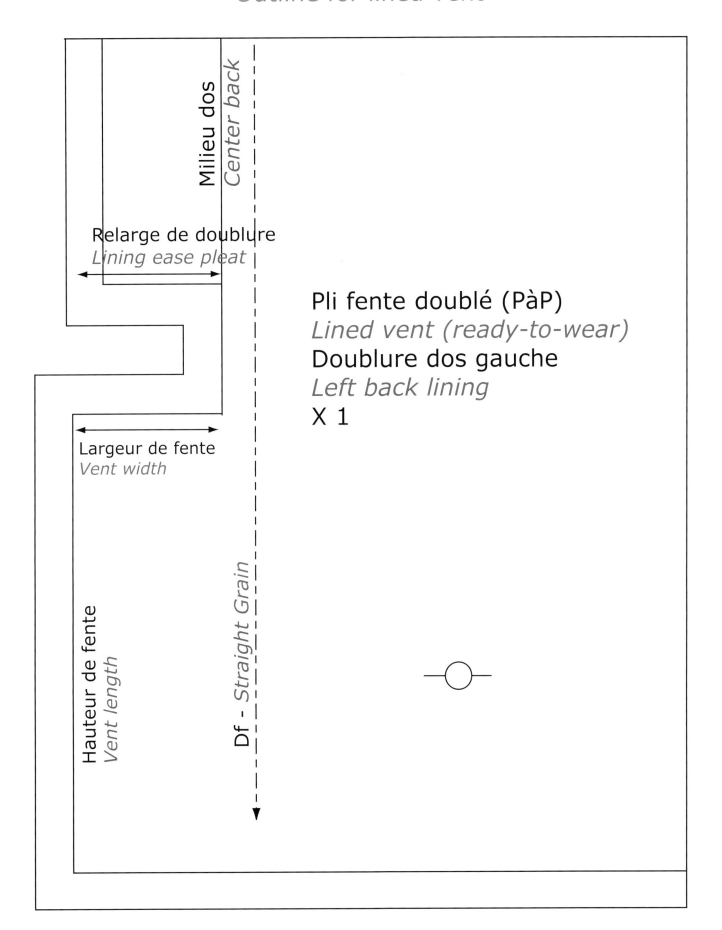

Milieu dos
Center back

Relarge de doublure
Lining ease pleat

Pli fente doublé (PàP)
Lined vent (ready-to-wear)
Doublure dos gauche
Left back lining
X 1

Largeur de fente
Vent width

Hauteur de fente
Vent length

Df - *Straight Grain*

PLI FENTE DOUBLÉ (HAUT DE GAMME) (HOMME)

LINED VENT (HIGH END GARMENTS) (MEN'S WEAR)

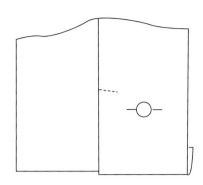 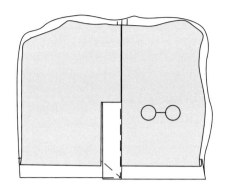

Eléments nécessaires :
- 1 dos X 2 selon gabarit
- 1 dos droit doublure selon gabarit
- 1 dos gauche doublure selon gabarit

Necessary elements :
- *1 back X 2 according to garment design and style*
- *1 right back lining according to garment design and style*
- *1 left back lining according to garment design and style*

Cette procédure de pli fente doublé sans onglet coupé sur l'ourlet du dos droit permet la retouche en longueur de la fente et de la veste. Cela s'applique donc, de façon plus propice, à un produit haut de gamme.

This is a lined vent without a mitered angle on the right back hemline. It allows for alterations to be made to the jacket length and to the vent. This procedure applies to high end garments.

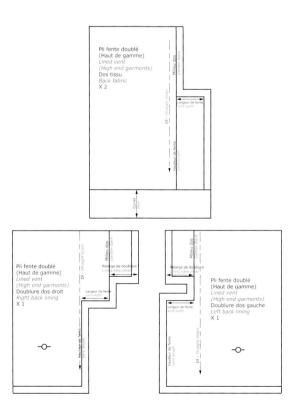

N.B. : Sur l'envers de la fente et du tissu, la partie droite correspond à la pièce du dos gauche et la partie gauche correspond à la pièce du dos droit.

Note : On the wrong side of fabric, the right part corresponds to the left back and the left part corresponds to the right back.

N°	Opérations *Procedures*	Schémas *Diagrams*
1	Repasser la toile avant de couper les deux dos et les deux dos doublure. *Iron the fabrics before cutting the two back fabric pieces and the two back lining pieces.*	
2	**Vêtement :** Assembler les milieux dos à 1 cm endroit contre endroit du haut du vêtement jusqu'à 1 cm au dessous du décochement de la fente ; faire un point d'arrêt puis continuer de fermer la largeur de la fente avec les points machine les plus grands possibles jusqu'au bas du vêtement. *Garment :* *With right sides together, assemble the center back seam from the top of the garment until 1 cm below the angle at the beginning of the vent. Backstitch, then continue stitching (use the longest machine stitch length possible), closing the vent until the bottom of the garment.*	Dos droit *Right back*
3	Repasser coutures ouvertes jusqu'au décochement et sur l'envers, cranter en capucin la couture de la partie droite visible (dos gauche) jusqu'au point d'arrêt. Sur l'envers, replier la partie droite (dos gauche) sur la partie gauche (dos droit) et repasser. *Iron seam open. On the wrong side of fabric, notch the angle on the right part (left back) until the backstitching. On the wrong side, fold the right part (left back) on the left part (right back) and iron.*	Dos droit *Right back* Dos gauche *Left back*

4	Soulever les deux parties de fente et thermocoller l'emplacement de la fente sur le vêtement ou sur la partie fente gauche elle-même (dos droit). *Fold aside the two vent parts and iron fusible interfacing on the finished vent position or on the left vent part (right back).*	Dos droit *Right back* Dos gauche *Left back* Thermocollant *Fusible interfacing*
5	Replacer la fente dans le bon sens. En gardant la fente fermée, replier la valeur d'ourlet sur l'envers et repasser pour en marquer l'emplacement. *Fold the vent back to the correct position. Maintaining the vent closed, iron the hem value on the wrong side in order to mark the hemline on both pieces.*	
6	Découdre ensuite la hauteur de l'ourlet sur la hauteur du rempli (valeur d'ourlet) pour dégager les couturages afin d'assurer la suite du montage. *Unstitch the machine basting (Step 2) from the bottom of the garment until the hemline (hem width value). This leaves the seam allowance values free for the next assembly procedures.*	Dos droit *Right back* Dos gauche *Left back*
7	Rentrer la partie gauche du rempli sous la partie droite et replier le couturage latérale de la partie droite sur 1 cm. *On the left part, fold 1 cm lateral seam allowance value along the vent edge. (Maintain foldline marking hem value.)*	Dos droit *Right back* Dos gauche *Left back* Pliure - *Foldline*

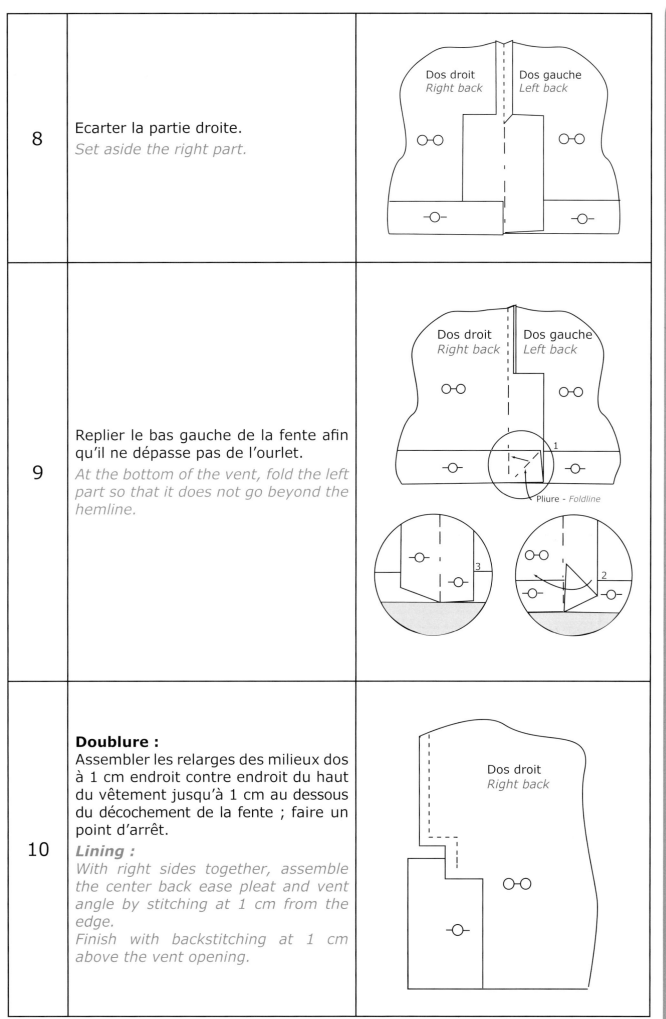

8	Ecarter la partie droite. *Set aside the right part.*	
9	Replier le bas gauche de la fente afin qu'il ne dépasse pas de l'ourlet. *At the bottom of the vent, fold the left part so that it does not go beyond the hemline.*	
10	**Doublure :** Assembler les relarges des milieux dos à 1 cm endroit contre endroit du haut du vêtement jusqu'à 1 cm au dessous du décochement de la fente ; faire un point d'arrêt. ***Lining :*** *With right sides together, assemble the center back ease pleat and vent angle by stitching at 1 cm from the edge.* *Finish with backstitching at 1 cm above the vent opening.*	

11	Retourner la partie du dessus en repliant la valeur de relarge et repasser. *Turn the upper part of the lining folding the ease pleat value and iron.*	Pli de relarge *Ease pleat* Dos droit *Right back* Dos gauche *Left back*
12	Retourner la doublure sur l'envers et la positionner sur l'ourlet de la partie droite ; piquer à 1 cm d'un bord à l'autre. *Turn the lining to the wrong side and place it on the garment hemline (right part). Stitch from end to end at 1 cm from the edge.*	Dos droit *Right back* Dos gauche *Left back* Vêtement *Garment* Doublure *Lining*
13	Positionner la doublure de la partie gauche 2 cm à l'intérieur du bord replié de la partie gauche et piquer à 1 cm en laissant dégager le cm de couturage côté fente. *Place the left part of the lining on the inside and at 2 cm from the folded edge of the left part. Stitch at 1 cm from the edge leaving the seam allowance value open.*	1 Fente droite *Right part* Doublure *Lining* 2 cm 2 Fente droite *Right part* Doublure *Lining* 2 cm

14	Retourner endroit contre endroit la partie droite de la doublure sur l'ouverture de la fente droite en repliant la valeur d'ourlet (cran). La longueur de doublure étant plus longue, la relarge de longueur sera pliée au niveau de l'ourlet. Piquer à 1 cm d'un bord à l'autre de la partie droite. Cranter l'angle et retourner. Repasser. *With right sides together, turn the lining (right part) on the vent opening (right part) by folding along the marked hemline at notch.* *As the lining length is longer than the garment length, the lining ease pleat will be folded at the hemline.* *Stitch from end to end at 1 cm from the edge on the right part.* *Clip the angle and turn.* *Iron.*	Doublure - *Lining* Vêtement - *Garment* Doublure *Lining* Ourlet *Hem*
15	Présenter la doublure sur la fente et cranter l'angle de la doublure. Epingler la doublure sur la partie gauche (A). *Place the lining on the vent and notch the angle at (A).* *Pin the lining (left part) to the garment at (A).*	Dos droit Dos gauche *Right back* *Left back* A
16	Ecarter la partie droite le plus possible et repasser la valeur de relarge de doublure de la partie gauche. Régler l'arrivée de l'onglet sur l'arrivée de la relarge (B). Repasser l'angle et la pliure de la doublure. *Hold the right part aside and iron the lining ease pleat (left part).* *Adjust the intersection point (B) between the mitered angle and the lining foldline.* *Iron the angle and the lining foldline.*	Dos droit Dos gauche *Right back* *Left back* A B

17	Retourner sur l'envers et piquer le bord de la fente droite de l'épingle A jusqu' à la pliure de la doublure B de la partie gauche. Faire un point d'arrêt. *Turn to the wrong side and stitch the vent edge (right part) from the pin at (A) until the lining foldline at (B) (left part).* *Backstitch.*	Dos droit *Right back* A B
18	Enlever l'épingle A et retourner le haut de la doublure vers la fente. Cranter le couturage intérieur de la fente en capucin (C). Le haut de fente doublure se retourne vers l'intérieur. Piquer les deux épaisseurs de fente avec la doublure sur toute la largeur de celle-ci. Faire un point d'arrêt. *Remove the pin at (A) and turn the upper part of the lining towards the vent.* *Clip the seam allowance at (C).* *The upper part of the vent is folded towards the interior.* *Stitch the two layers of fabric with the lining across the vent width.* *Backstitch.*	Dos droit *Right back* Dos gauche *Left back* C
19	Retourner, repasser et épingler la fente et l'ourlet avant de fixer l'ouverture de la fente et l'ourlet par une bande thermocollante ou par un point de chausson (voir OURLET INVISIBLE). *Turn, iron and pin the vent and the hem before maintaining the vent and the hem with a strip of fusible interfacing or with a catch stitch. (See INVISIBLE HEM.)*	
20	Repassage final. *Final ironing.*	

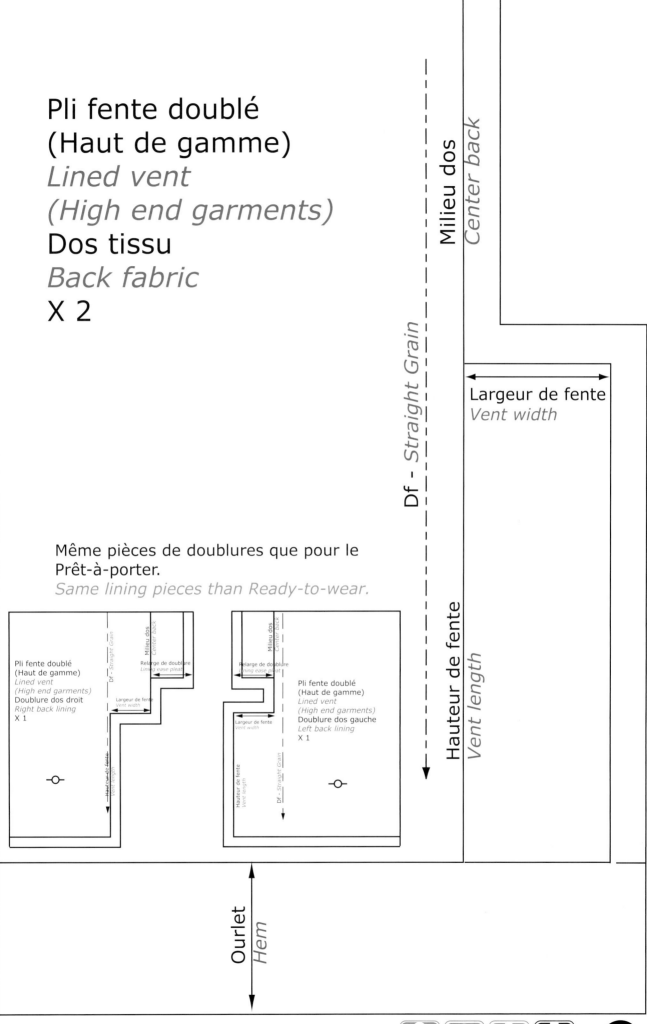

Tracé Pli fente doublé
Outline for lined vent

Pli fente doublé
(Haut de gamme)
Lined vent
(High end garments)
Dos tissu
Back fabric
X 2

Milieu dos
Center back

Df - *Straight Grain*

Largeur de fente
Vent width

Hauteur de fente
Vent length

Même pièces de doublures que pour le Prêt-à-porter.
Same lining pieces than Ready-to-wear.

Df – *Straight Grain*

Milieu dos
Center back

Relarge de doublure
Lining ease pleat

Pli fente doublé
(Haut de gamme)
Lined vent
(High end garments)
Doublure dos droit
Right back lining
X 1

Largeur de fente
Vent width

Hauteur de fente
Vent length

Milieu dos
Center back

Relarge de doublure
Lining ease pleat

Pli fente doublé
(Haut de gamme)
Lined vent
(High end garments)
Doublure dos gauche
Left back lining
X 1

Largeur de doublure
Vent width

Hauteur de fente
Vent length

Df – *Straight Grain*

Ourlet
Hem

LEXIQUE

Agrafe Jockey : (Hook & bar) Agrafe invisible sur l'extérieur de la ceinture du pantalon d'homme, constituée de quatre parties à implanter entre les épaisseurs de ceinture.

Araignée : (Double-faced fusible tape) Bande ou film thermocollant double face pour glacer deux parties de tissu ensemble par simple pressage (ourlet, parementure,…)

Araser : (Trimming) Dégarnir le ou les couturage(s) au ras de la couture d'assemblage.

A même : (One-Piece) Se dit d'une partie de vêtement qui est construite sur une autre partie sans couture. Ex : Col chemisier à pied de col à même : col dont le pied de col est adjoint au tombant de col sans couture, donc en un seul morceau.

Application : (Applied piece) Pièce de patronage posée sur une pièce principale pour renforcer ou décorer.

Assise : (Reinforcing patch) Petite pièce de tissu ou d'entoilage thermocollant qui se glisse entre deux épaisseurs de tissu à l'emplacement d'une boutonnière pour la consolider lors de sa confection dans un tissu léger.

Bagué : (Pad stitch) Point d'assemblage interne entre une toile tailleur et un tissu de manière invisible sur l'extérieur. Voir Glaçage.

Barre : (Bar tack) Points zig zag très serrés fait à la machine sur une petite distance pour renforcer les points d'usure d'un vêtement ou des endroits sensibles à la déchirure (arrivée de passepoil, fin de surpiqûre de couteau sur une braguette,…).

Bougran : (Buckram) Toile interne d'apprêt utilisée dans les pièces légères pour parfaire la netteté d'un bord de couture. Ex : Parementure du gilet d'homme.

Brider : (Bind) Serrer.

Capucin : (Capucin) Forme en Chapeau pointu. On peut trouver une forme capucin dans le haut d'une patte de boutonnage de manche ou d'une patte polo. Fendre ou cranter en capucin correspond à un crantage à 45° par rapport à la fin d'une couture, dans un angle le plus souvent.

Ceinture anglaise : (Ribbon-backed waistband) Bande de finition interne avec 2 bandes de gomme de retenue pour la chemise, posée sur l'intérieur de la ceinture du pantalon de ville masculin.

Chaîne : (Warp) Fils parallèles d'un tissage correspondant à la longueur du tissu et perpendiculaires à la trame.

Cigarette : (Sleeve head) Etroite bande de rembourrage posée au bord de l'emmanchure de manche pour remplir la tête de manche et la soutenir en aidant la résorption de l'embu de manche.

Couteau : (Trouser fly topstitching) Surpiqûre de maintien décorative visible sur l'endroit de la braguette d'un pantalon. Le couteau peut se finir en courbe ou en angle.

Couturage : (Seam allowance) Mesure rajoutée au patronage pour effectuer les coutures. Cette mesure peut être à différentes hauteurs (0.5 cm, 0.75 cm, 1 cm ou plus) selon l'endroit où elle se trouve, les machines à coudre employées (plate traditionnelle

ou surjeteuse,…) ou la fantaisie de la couture. Dans la plupart des cas, elle se situe à 1 cm du tracé et toujours parallèlement, sauf dans des cas particuliers comme la relarge d'enfourchure dos d'un pantalon d'homme.

Coulisse : (Tunnel) Tunnel de tissu formé par une bande ou un ourlet dans lequel passe une bande du même tissu ou unee cordelette permettant ainsi au volume de se rétracter en formant des fronces.

Coulissage : (Fitted Assembly) Montage de deux lignes identiques donc de même forme endroit contre endroit, quelquefois en insérant une autre pièce entre les deux.
Ex : coulissage d'un pied de col en insérant le tombant de col déjà préparé entre les deux parties de pied de col.

Coupé bord franc : (Clear-cut Edge) Les patronages coupés bord franc sont sans valeur de couturage. Leur montage suppose donc une application sur une pièce avec couturage. S'utilise avec des tissus sans effilochage.

Coussin ou Cochon : (Tailor's ham) Forme en courbe de différentes grosseurs ressemblant à un jambon, d'où son nom « cochon », « ham » en anglais. Ses différentes courbes permettent d'y poser les parties de vêtement à préformer à la vapeur comme la poitrine d'un veston ou l'arrondi d'un col tailleur.

Cran : (Notch) Entaille perpendiculaire au bord du tissu (à découper au moment de la coupe des pièces du vêtement sur 0.5 cm). Le cran sert à repérer des indications de montage comme une pliure, la position d'une pièce par rapport à une autre.

Cranter : (Bevel) Couper les couturages perpendiculairement au bord du tissu ou en biseau pour permettre à ceux-ci de se placer, notamment lors d'un retournement de deux épaisseurs cousues endroit contre endroit.

Croisure : (Cross-over) Valeur ajoutée au milieu devant ou au milieu dos pour permettre l'entrecroisement de deux pièces et leur boutonnage = ½ croisure. L'addition de cette valeur sur chaque pièce forme la croisure.

Dégarnir : (To trim) Enlever l'excédent d'un couturage, une fois la couture réalisée :
Soit en parallèle au bord sur une seule épaisseur pour alléger celle-ci. Dans ce cas, on dégarnit un des couturages de 1 cm à 0.5 cm pour graduer les épaisseurs, notamment lorsqu'on retourne envers contre envers. Le couturage dégarni est toujours celui contre la partie visible du vêtement.
Soit en biseau dans un angle, par exemple, pour permettre à la forme de se reconstituer lors du retournement de celui-ci.

Droit fil / D.f. : (Straight Grain /S.G.) Sens du fil parallèle à la lisière du tissu.
    Milieu droit fil : Le patronage d'un vêtement est toujours établi par moitié, à l'exception du cas particulier d'un vêtement asymétrique. Le milieu du devant est donc le plus souvent en droit fil. Dans ce cas, cette annotation sera écrite sur la ligne de tracé du patronage.
    Milieu au pli : Le milieu de la pièce est sans couture et en D.f. C'est souvent le cas dans le milieu du dos. Dans ce cas, cette formule sera à noter sur la ligne de tracé du patronage.

Droite Ligne / D.L. : (Straight Line / S.L) Sens du droit fil sur un patronage papier.

Embu : (Ease) Valeur en surplus obligatoire notamment dans le montage d'une manche montée sur une emmanchure. Cette valeur permet à la manche de prendre la forme de la rondeur de l'épaule ou de l'épaulette (voir répartir l'embu).

Emboîter : (To encase) Positionner deux formes identiques l'une dans l'autre endroit contre endroit.

Enforme ou Ourlet de propreté : (Facing or Faced hem) Finition intérieure de même tissu que le vêtement. C'est l'empreinte exacte du bord du patronage en parallèle à celui-ci.

Entoilage : (Wool canvas) Toile de laine ou toile de laine et crin traditionnelle, utilisées dans la structure interne d'une veste ou d'un veston (voir triplure).

Entournure : (Armpit) Se dit de l'emmanchure du vêtement.

Epaulette : (Shoulder pad) Coussinet de mousse ou/et de feutre reprenant la forme de l'épaule et permettant une surélévation de celle-ci pour changer l'allure d'un modèle. Différentes formes accompagnent les différences formes d'épaule et évidemment de manches (épaulette montée, tailleur, raglan, basse,…).

Finition : (Finishing) Détail d'embellissement d'une pièce ou d'un vêtement (bordé, biais, ourlet, ganses,…)

Fond de poche : (Pocket lining) Partie intérieure de la poche suivant la forme du sac de poche et se positionnant sur le fond du vêtement, c'est-à-dire le plus près du corps.

Fourreau : (Sheathed Assembly) Assemblage de pièces de même forme endroit contre endroit en enfermant les couturages à l'intérieur sans surpiqûre.

Fronçage : (Gathering) Action de rétracter la longueur d'une pièce uniformément afin de répartir ce volume en le cousant sur une autre pièce.

Gabarit : (Template) Forme sans couturage coupée en carton rigide ou confectionnée en métal et servant de guide pour préformer une pièce ou suivre une surpiqûre (Couteau de braguette, application de poche plaquée,…).

Garniture : (Facing or Trimming) Pièce (de même tissu que le vêtement) appliquée ou incrustée sur une pièce interne de doublure, de percale, ou de poltaise de façon à habiller la partie accessoirement visible de cette pièce. Voir Parement.

Glaçage : (Glazing) Action d'associer par un point de bagué ou de glaçage deux épaisseurs de tissu ensemble (toile tailleur + tissu ou deux tissus ensemble pour des effets réversibles).

Grignage : (Puckering) Très léger fronçage entre deux coutures. Le grignage doit être évité notamment dans le montage d'une courbe avec une ligne plus droite. Toutefois, il peut advenir en raison du réglage du point de machine avec une aiguille trop grosse qui casse les fibres ou un entraînement du pied de biche insuffisant. Il peut aussi être recherché pour enrichir l'aspect sport d'un vêtement sportswear.

Hausse : (Waistband finishing) Bande de finition interne de ceinture de pantalon d'homme. Voir Ceinture anglaise.

Hirondelle : (Reinforcement ½ circle) Pièce arrondie posée à cheval sur l'enfourchure du pantalon de ville d'homme pour empêcher l'usure de frottement de l'entrejambe.

Incrustation : (Inlay) Assemblage entre deux pièces dont les angles sont en opposition. Ex : un angle aigu avec un angle obtus reconstituant 360° pour obtenir une surface plane ou deux angles de degrés non complémentaires constituant un volume par leur montage.

Jeannette : (Sleeve board) Petite planche à repasser posée sur un pied qui permet de passer des parties étroites de vêtement afin d'ouvrir des couturages ou repasser des formes déjà montées en circulaire (Tube de manche ou jambe de pantalon). La partie supérieure en courbe permet de positionner une tête de manche pour la préformer.

Nervurer : (Ribbed topstitching) Surpiquer très près d'une couture (1 à 2 mm).

Nervurer en arête : (Ribbed pleat edge) Surpiquer un pli envers contre envers à 1 m du bord de pliure pour marquer une ligne.

Kapok : (Kapok) Matière synthétique ou végétale utilisée pour le rembourrage des bras de mannequin.

Ourlet : (Hem) Valeur de couturage positionnée en bas d'une pièce (bas de manche ou de jupe) et retournée sur l'envers pour finir proprement un bord. Voir rempli.

Parement : (Facings) Pièce de même tissu que le vêtement appliquée ou incrustée sur une pièce interne de doublure, de percale, ou de poltaise de façon à habiller la partie accessoirement visible de cette pièce. Se dit aussi d'un rabat de poche dans le vêtement militaire. Cf. : garniture.

Parementure : (Facing) Pièce d'habillage du milieu devant et de la croisure coupée dans le même tissu que le vêtement et suivant la forme des bords extérieurs.

Passepoil : (Piping) Bande de même tissu que le vêtement nécessaire à créer une ouverture de poche dans un pan du vêtement. Il peut être à même (sans couture) ou rapporté au vêtement.

Passe-carreau ou bloc à marteler : (Clapper or pounding block) Confectionné dans du bois de hêtre, il sert à ouvrir les coutures. Le bout de sa forme en pointe permet de retourner les pointes de col. Son socle, en bois lui aussi, permet d'écraser les coutures en gardant la vapeur et la chaleur dans le tissu. Parfait pour parfaire la netteté de vos coutures dans les tissus à forte teneur naturelle en élasticité comme la kératine dans la laine.

Pattemouille : (Dampened presscloth) Etoffe de coton déjà patinée par l'usure, mouillée et tordue, que l'on intercale entre le fer à repasser et le vêtement pour le protéger du lustrage. L'humidité permet d'accentuer l'action de la vapeur sans mouiller le tissu.

Patte sèche : (Dry presscloth) Etoffe de coton déjà patinée par l'usure, que l'on intercale entre le fer à repasser et le vêtement pour le protéger du lustrage ou du calandrage.

Plaquer : (To patch) Assembler par une piqûre machine une pièce sur une autre.

Point de chausson : (Catch stitch) Point d'ourlet fait à la main permettant de laisser entre l'ourlet et le vêtement, une certaine fluidité. Utile dans des tissus mobiles susceptibles de déformations après le montage.

Pointage : (Pointing) Point positionné sur le patronage pour placer un emplacement précis dans le milieu d'une pièce. Ex : pointage de passepoil = croix de positionnement sur le patronage reportée sur le tissu par un petit trou (pointeuse industrielle) ou une marque faite à la craie tailleur ou bâti à la main.

Poltaise : (Pocketing) Percaline de coton renforcée et traitée anti-usure utilisée pour les fonds de poche de pantalon d'homme.

Pont : (Fly tab) Valeur de rempli le long de la braguette se positionnant assemblée ou à même de la partie droite (au porter) dans le pantalon femme et à gauche dans le pantalon homme.

Préformer : (To shape) Préparer la forme par le pressage de celle-ci.

Pressage : (Pressing) Action d'appui d'un fer à repasser avec de la pression mais sans va-et-vient comme dans le repassage. Le pressage se fait après avoir mis sous vapeur la matière à presser. Le pressage est une action de finissage de couture qui permet d'aplatir les étoffes lourdes et d'éviter le lustrage de certaines matières.

Rabattage : (Felling) Après les montages du bord de deux pièces de même forme endroit contre envers, on rabat la pièce endroit sur l'endroit de l'autre pièce pour en appliquer le bord par une piqûre nervure (Rabattage d'enforme d'encolure).

Rabattre : (To turn down) Positionner le sens d'un ou des couturage(s) dans un sens ou dans l'autre.

Raccord : (Notch) Trait marqué perpendiculairement au bord du patronage, à utiliser pour assembler deux pièces.

Rapportée : (Sewn on) Se dit d'une pièce qui est cousue à une autre.

Rehausse : (Saddle yoke) Partie d'empiècement dos du pantalon jean.

Relarge : (Extra seam allowance) Valeur de couturage rajoutée en surplus à certains endroits d'un vêtement pour permettre des retouches plus aisées après confection.

Rempli : (Felled hem) Ourlet dans le vocabulaire industriel.

Rempli simple : (Simple felling hem) Ourlet simple, c'est-à-dire pliage simple au bord surjeté et appliqué par piqûre visible au niveau du surfil ou par un point invisible.

Rempli double : (Double felling hem) Ourlet double, c'est-à-dire pliage double (1 cm de couturage + valeur de l'ourlet visible) appliqué par une piqûre nervure visible.

Remplier : (To fold) Retourner les valeurs d'ourlet.

Rentré : (Folded value) Valeur de couturage repliée sur elle-même.

Répartir l'embu : (Ease distribution) La répartition de l'embu est très importante. Cette valeur en excédent doit accompagner une forme, sans fronçage. Les valeurs d'embu doivent être localisées grâce à la correspondance des crans entre les deux pièces à assembler.

Sac de poche : (Pocket sack) Partie intérieure de la poche suivant la forme du fond de poche et l'ouverture de celle-ci, en se positionnant contre le vêtement.

Sous-pont : (Fly tab facing) Valeur de garniture assemblée au milieu devant d'un pantalon, servant de croisure et de propreté au montage du zip ou du boutonnage. Sur le devant gauche dans le pantalon femme et droit dans le pantalon d'homme.

Soutenir : (To ease in) 2 coutures n'ayant pas tout à fait la même longueur doivent être assemblées sans grignage. Ex : Montage d'une découpe de poitrine.
(Ne pas tirer sur la partie la plus courte mais répartir la différence en souplesse). Il est quelquefois préférable de préparer le montage avec un fil de bâti lorsque l'on est débutant.

Soutenu : (Upholding piece) Appellation à la partie à soutenir. Cf. Embu.

Surjet : (Overlock Stitch) Point effectué par une surjeteuse, machine permettant de raser le bord du couturage tout en le bordant. Ce point peut se faire sur une seule épaisseur pour une finition de propreté ou sur plusieurs épaisseurs pour faire un assemblage dans une matière susceptible d'effilochage (tissus légers ou tissages lâches) ou de détricotage (maille).

Surpiquer : (To topstitch) Piquer au bord d'une couture et sur ses couturages pour décorer et orienter les coutures dans un sens donné.

Surpiqûre : (Topstitching) Rang simple ou double de points droits réalisés sur l'endroit du tissu le long d'une couture pour la contraindre à une orientation ou pour un effet décoratif.

Thermocollant : (Fusible Interfacing) Tissage ou non-tissé additionné d'une enduction de colle à poser sur le textile par fusion au fer à repasser ou plateau de thermocollage afin de structurer ou stabiliser celui-ci.

Tourneur ou Sifran : (Turner or point presser) Pièce de bois ou de plastique se finissant en pointe d'un côté et en arrondi de l'autre. La pointe sert à ressortir les pointes de col ou les coins de poche ; l'autre partie de la planchette sert à maintenir les coutures ouvertes pendant le pressage sans être brûlé par la vapeur ou la chaleur du fer.

Trame : (Weft) Fils d'un tissage correspondant à la largeur du tissu d'une lisière à l'autre et perpendiculaires à la chaîne.

Triplure : (Underlining) Se dit de l'entoilage d'un vêtement. C'est une qualité traditionnelle, non thermocollant, en toile de laine.

LEXICON

Applied piece : *(Application) A piece of fabric stitched over a main pattern piece for reinforcement or decoration.*

Armpit : *(Entournure) The hollow at the lower part of the garment armhole.*

Bar Tack : *(Barre) A group of machine-made, tight zig-zag stitches, used to reinforce small areas of strain or to avoid tearing at openings (at the end of pocket openings, on fly front zippers, etc.).*

Bevel : *(Cranter) To trim seam allowance perpendicular to fabric edge in order to reduce bulk, when two layers of fabric sewn together are turned to the right side of fabric.*

Bind : *(Brider) To tighten or to enclose an edge in bias tape.*

Buckram : *(Bougran) Cotton twill tape used to define the outer edges of a garment. Ex: Men's vest facing.*

Capucin : *(Capucin) Shape of a pointed hat. This shape is often used on a shirtsleeve placket. A 'capucin' slit or clip corresponds to clipping the end of a seam on a 45° angle.*

Catch stitch : *(Point de chausson) A hand stitch used for hemming that maintains flexibility between the two layers of fabric. Useful for loosely woven fabrics that stretch out of shape after assembly.*

Center line, on fold: *The center line on the garment is seamless, on the straight grain and cut on the folded edge of the fabric, as indicated on the pattern piece.*

Center line, straight grain : *The pattern for a garment is always made in halves, except for an asymmetrical garment. In most cases, the garment's center line is on the straight grain. This will be indicated on the pattern piece.*

Clapper or Pounding Block: *(Passe-carreau ou bloc à marteler) A smooth wooden block made in beech, used for pressing seams open. The tapered point is used to press open collar points. Its wooden stand allows seams to be flattened while retaining the steam and heat in the fabric. Perfect for hard-to-press fabrics with natural elasticity such as wool with keratin.*

Clear-Cut Edge : *(Coupé bord franc) Patterns with a clear-cut edge are without a seam allowance value. Their assembly implies an application on a piece with seam allowance. For fabrics that do not fray.*

Cross-Over : *(Croisure) A value added as an extension to the center front or center back permitting two pieces to overlap for the buttoning = ½ cross-over value. The addition of this value for each piece equals the cross-over value.*

Dampened Presscloth : *(Pattemouille) A cotton cloth with a patina, dampened and twisted, used to protect the garment fabric from direct contact with the iron and from shining. The dampness increases the steam effect without moistening the fabric.*

Double Felling Hem : *(Rempli double) Double tucked hem : the hem width is folded twice (1 cm of seam allowance + hem width value), then sewn with a row of ribbed topstitching.*

Double-Faced Fusible Tape : *(Araignée) A strip of double-faced fusible tape used to hold two fabrics together (hems, facings,etc.).*

Dry Presscloth : *(Patte sèche) A cotton cloth with a patina, used to protect the garment fabric from direct contact with the iron and from shining or calendaring.*

Ease Distribution : *(Répartir l'embu) The ease distribution is very important. This excess value must be eased into a shaped seam, without gathers. The ease values are positioned at a specific area on the garment and are indicated on the pattern with notches on the two pieces to be assembled.*

Ease : *(Embu) The essential excess value, for example, for set-in sleeve and armhole assembly. This ease value allows the sleeve to follow the curved shape of the shoulder or shoulder pad. See Ease Distribution.*

Extra Seam Allowance : *(Relarge) A value added to certain areas of the garment permitting alterations to be made on a finished garment after assembly.*

Facing or Faced Hem : *(Enforme ou Ourlet de propreté) An interior finishing made in the same fabric as the garment. It is the exact shape and parallel to the garment edge.*

Facing : *(Parementure) A fabric piece attached to the edge of the garment, then folded to the wrong side covering the cross-over value and extending beyond the center front line. The facing is cut in the same fabric as the garment and has the exact shape of the garment edge.*

Facing or Trimming : *(Garniture) Fabric piece cut in the same fabric and the same shape as the garment edge, stitched to the garment's lining (percale lining, pocketing) in order to cover the lining, if necessary. See Facings.*

Facings : *(Parement) Fabric piece cut in the same fabric and the same shape as the garment edge, stitched to the garment's lining (percale lining, pocketing) in order to cover the lining, if necessary. The pocket flap on a military garment is referred to as facing. See Facing or Trimming.*

Felled Hem : *(Rempli) The term used for a hem in the industry.*

Felling : *(Rabattage) After assembling two pieces with the same shaped edges (right side against wrong side), the right side of one piece is folded on the right side of the other piece. A row of ribbed topstitching is sewn along the edge (felling a neckline facing).*

Finishing : *(Finition) Embellishment details added to a garment (bias tape, hem, braid, trim,etc.).*

Fitted Assembly : *(Coulissage) The assembly of two identical lines with the same shape (right sides together), by inserting one piece between two others. Ex: Fitted assembly by inserting the prepared collar fall between the two parts of the collar band.*

Fly Tab Facing : *(Sous-pont) A separate facing assembled to the center front of trousers used for the cross-over value and for a zipper fly tab or a button fly tab. Placed on the left front for women's trousers and on the right front for men's trousers.*

Fly Tab : *(Pont) Folded tab (seperate or one-piece) placed along fly opening, assembled to the right side for women's trousers and to the left side for men's trousers.*

Folded value : *(Rentré) The folded seam allowance value.*

Fusible Interfacing : *(Thermocollant) Woven or nonwoven fusible interfacings have a heat-activated resin coating on one side. Ironed to the fabric, they provide the garment with structure or supple shaping.*

Gathering : *(Froncage) Reducing the length on one piece and to distribute evenly the predetermined fullness by sewing it to another piece.*

Glazing : *(Glaçage) A pad stitch used to assemble two layers of fabric (canvas interfacing to fabric, or two fabrics together for a reversible effect).*

Hem : *(Ourlet) A seam allowance value placed at the lower edges of a garment (sleeve bottom or skirt bottom), turned to the wrong side to obtain a clean finish along garment edge. See Simple Felled Hem.*

Hook & Bar : *(Agrafe jockey) A metal fastener used on men's trouser waistband, sewn between waistband layers. It is invisible from the outside of the garment.*

Inlay : *(Incrustation) The assembly of two pieces with opposite angles. Ex: An acute angle and a concave angle forming a flat surface, or two different angles creating a volume when assembled.*

Kapok : *(Kapok) A synthetic or vegetable fiber used for stuffing or padding the mannequin's arm.*

Notch : *(Cran) A notch is cut perpendicular to the fabric edge (to be cut 0.5 cm, when the pattern pieces are being cut). The notch is an indication for assembly, for a foldline, or for matching two pieces.*

Notch : *(Raccord) A line placed perpendicularily to the pattern edge, used to match two pieces for assembly.*

One-Piece : *(A même) Two parts of a garment constructed without a seam in one pattern piece. Ex: simple shirt collar: the collar band and the collar fall are constructed together without a seam, resulting in one pattern piece.*

Overlock Stitch : *(Surjet) Stitch made by an overlocking machine. The overlocking machine cuts the fabric edge before covering it with an overlock stitch. The overlock stitch can be used as a finishing on a single layer of fabric, or to assemble several layers of fabric that are susceptible to fraying (light or loosely woven fabrics), or for assembling knits.*

Pad Stitch : *(Bagué) A diagonal stitch used to join a canvas interfacing to a fabric. It is invisible from the outside of the garment. See Glazing.*

Piping : *(Passepoil) A narrow strip of fabric made in the same fabric as the garment required to make a pocket opening on a garment panel. It can be part of the garment panel (one-piece) or a separate piece.*

Pocket lining : *(Fond de poche) The interior part of the pocket with the same shape as the pocket sack, placed on the inner side of the garment, next to the body.*

Pocket sack : *(Sac de poche) The interior part of the pocket with the same shape as the pocket lining and the pocket opening. It is placed against the garment.*

Pocketing : *(Poltaise) Strong, tighly-woven cotton percaline used for pocket sacks in men's trousers.*

Pointing : *(Pointage) Marks placed on a pattern to indicate the precise placement for a pocket. Ex: A small cross placed on the pattern, then transferred to the fabric by a small hole (industrial pointer) or by marking with tailor's chalk, or by hand-basting indicates a piped pocket placement.*

Pressing : *(Pressage) Using the weight of an iron to press a garment without the back-and-forth movement used when ironing. Pressing is done once the steam ironing has been completed. Pressing is a finishing used to flatten heavy fabrics and to avoid glazing on certain fabrics.*

Puckering : *(Grignage) Very slight gathering between two seams. Puckering should be avoided when assembling a curve to a straight line. Puckering can occur if the sewing machine is not adjusted correctly, when the needle is too big and breaks the fibers, or when the feed has inadequate pull.*

Reinforcement ½ Circle : *(Hirondelle) A round-shaped piece of pocketing placed astride the crotch seam on men's trousers to avoid wear.*

Reinforcing patch : *(Assise) A small piece of fabric or fusible interfacing placed between two layers of fabric to strengthen the buttonhole area (on light weight fabrics) before the buttonhole is made.*

Ribbed Pleat Edge : *(Nervurer en arête) Topstitiching along the edge of a pleat (wrong sides together), 1 mm from the foldline.*

Ribbed topstitching : *(Nervurer) A row of topstitching 1 or 2 mm from the seam.*

Ribbon-Backed Waistband : *(Ceinture anglaise) A strip of belting with applied rubber banding attached to the inside of a men's trouser waistband.*

Saddle Yoke : *(Rehausse) The back yoke piece on a pair of jeans.*

Seam allowance : *(Couturage) A value added to the pattern from the seamline to the pattern edge, permitting seam assembly. This value can vary from 0.5 cm to 1 cm or more according to the area on the pattern, the type of machine used (flat seam machine, overlock machine,…) or the type of seam chosen. The standard seam allowance value is 1 cm and is parallel to the seam. There are certain exceptions such as the crotch seam allowance on men's trousers.*

Sewn On : *(Rapportée) Describing one piece that is sewn on to another piece.*

Sheathed Assembly : *(Fourreau) The assembly (or lining) of two pieces of the same shape, right sides together, then turning the pieces closing the seam allowances inside the garment, without topstitching.*

Shoulder pad : *(Epaulette) Shaped layers of cotton wadding or felt, shaped to the shoulder and defining or raising the shoulder line, according to garment design and style. Different shapes of shoulder pads match different forms of shoulders and sleeves (set-in sleeve, tailored sleeve, raglan sleeve, dropped sleeve,etc.).*

Simple felling hem : *(Rempli simple) Plain tucked hem: the hem width edge is overlocked, then folded once and sewn with a machine stitch or an invisible hand-stitch.*

Sleeve Board : *(Jeannette) A small narrow ironing board on a stand allowing easy ironing for difficult to reach areas, in order to iron seam allowances open. For circular shapes including sleeves and trouser legs. The upper part of sleeve board is used to pre-form the sleeve cap.*

Sleeve Head : *(Cigarette) A strip of heavy flannel or lambswool placed between the sleeve cap and the seam allowance. It prevents the sleeve cap of a set-in sleeve from collapsing and gently shapes the sleeve ease.*

Straight grain / S.G. : *(Droit fil / D.F.) The straight grain is parallel to the fabric selvedge.*

Straight line / S.L. : *(Droite ligne / D.L.) The straight grain line indicated on a paper pattern.*

Tailor's ham : *(Coussin ou cochon) A tightly-packed, large or small, curved pressing surface, similar in shape to a 'ham'. Its different curves allow for pre-shaping garment parts such as the chest area on a men's jacket or the curve on a tailored collar.*

Template : *(Gabarit) A shape without seam allowance, cut in stiff cardboard or metal and used to pre-shape a garment piece or as a guide for topstitching (trouser fly topstitching, patch pocket, etc.).*

To Ease In : *(Soutenir) To assemble two unequal seam lengths without puckering. Ex: Bust line seam assembly (distribute the excess smoothly, without pulling on the shorter piece). For beginners, it is better to hand-baste the seam before assembly.*

To Encase : *(Emboîter) Positioning two identical shapes one inside the other, with right sides together.*

To Fold : *(Remplier) To fold the hem width value.*

To Patch : *(Plaquer) To machine stitch one piece on to another*

To Shape : *(Préformer) To prepare the shape of a garment part by ironing.*

To Topstitch : *(Surpiquer) To stitch over a seam and the seam allowances for decoration, or to maintain seam allowances folded to one side.*

To Trim : *(Dégarnir) To cut away the excess seam allowance value after the seam has been sewn.*
  -To trim one layer of seam allowance perpendicular to fabric edge to lighten the seam. In this case, one layer of seam allowance value of 1 cm will be trimmed 0.5 cm to reduce bulk, when turned with wrong sides together. The trimmed seam allowance is always on the side against the visible part of the garment.

To Turn Down : *(Rabattre) To fold one or both seam allowance values to one side or the other.*

Topstitching : *(Surpiqûre) A single or double row of stitching on the right side of fabric along a seam line. Used for decorative purposes, or to maintain seam allowances folded to one side.*

Trimming : *(Araser) To cut away the seam allowance value close to stitching (see : To Trim).*

Trouser Fly Topstitching : *(Couteau) Decorative topstitching around the trouser fly. The topstitching can end with a curve or with an angle.*

Tunnel : *(Coulisse) A tunnel formed by a strip of fabric or a hem constructed to enclose a drawstring, permitting a volume adjustment by forming gathers.*

Turner or Point Presser : *(Tourneur ou safran) A slender wood or plastic tool with one pointed and one rounded end. The pointed end is used to push out corners of pockets and collars. The point presser is used for pressing seams open to avoid burning the fabric with the steam or heat from the iron.*

Underlining : *(Triplure) A sew-in interfacing used for tailoring garments. Made in a wool canvas, it is a standard quality, and not fusible.*

Upholding Piece : *(Soutenu) The piece with the shorter seam length when easing in two unequal seam lengths. (See : Ease).*

Waistband finishing : *(Hausse) A strip of fabric used as a finishing in the inside of men's trouser waistband. See : Ribbon-Backed Waistband.*

Warp : *(Chaîne) Parallel yarns woven corresponding to the length of the fabric and per-pendicular to the weft.*

Weft : *(Trame) The yarns that are woven across the width of a fabric from one selvedge to the other and perpendicular to the warp.*

Wool Canvas : *(Entoilage) Woven from wool and hair fibers, this interfacing is used for added support for the inner part of a men's jacket.*

Remerciements de l'auteur

Je remercie chaleureusement mes étudiants pour leur encouragement dans l'élaboration de ces fiches ainsi que pour leur collaboration.
Sans oublier naturellement ma famille et l'équipe d'ESMOD.

Author's Acknowledgments

My warmest thanks to my students, for their encouragement and collaboration in the creation of this manual.
I would like to especially thank my family and colleagues at ESMOD.

le vocabulaire du montage

Comprendre...

ESMODEDITIONS

◇ Devenir modéliste
- Le vêtement féminin (Jupes, corsages, chemisiers, robes)
- Le vêtement féminin - Méthode de gradation
  (Prêt-à-porter / femme ronde)
- Le vêtement Enfant - Méthode de coupe de la layette à l'adolescence
- Le vêtement Enfant - Méthode de gradation de la layette à l'adolescence
- Le vêtement masculin - Méthode de coupe (Les bases du vêtement de viile et de sport)
- Méthodes sur les démarches créatives, le dessin de mode, l'illustration, et
  l'environnement du produit de mode.

- Guide des textiles
- L'Art des drapés

◇ *Become a pattern drafter*
- *Women's Garments - For skirts, bodices, shirts and dresses.*
- *Women's Garments - Pattern grading manual :(Ready-to-wear / large sized clothing)*
- *Children's Garments - Pattern grading manual : from layette to teens.*
- *Children's Garments - Pattern making manual : from layette to teens.*
- *Men's Garments - Pattern making manual : bases for ciy and sport garments*
- *Methods for creative approaches, Fashion drawing, illustration*
  and the world of Fashion products.

- *Textiles Guide*
- *The Art of draping*

www.esmod.com
ou *or*
edition@esmod.com
12 rue de Cléry 75002 Paris FRANCE
Tél : / Ph : 0033 (0)1.42.33.31.56

A propos de l'école :

Créée en 1841 par Alexis Lavigne, tailleur-amazonier de l'impératrice Eugénie, l'école ESMOD a perpétré depuis, son savoir-faire à travers son réseau international. Une méthode unique, revisitée, actualisée et adaptée à chaque culture dans un réseau de 14 pays. Esmod International bénéficie d'une vision planétaire unique des métiers de la mode.

About the school :

ESMOD is the oldest and most renowned fashion design school in the world, with schools established across the globe. Founded in 1841 by Alexis Lavigne, master tailor for the Empress Eugénie, ESMOD's International network has been transmitting «French Expertise» that foresees current events and that evolves to meet the market's needs, for over 165 years.

A propos de l'auteur :

Diplômée d'ESMOD, la plus ancienne école de mode créée dans le monde, Claire Wargnier y dispense aujourd'hui des cours de modélisme. Son expérience dans les métiers de la mode et ses différents secteurs, lui permet d'adapter son enseignement aux besoins des étudiants de l'école. Elle exerce actuellement également en tant que consultante dans l'industrie de la mode, vit et travaille à Paris.

About the author :

Claire Wargnier is a graduate from ESMOD, the world's oldest and most renowned fashion design shool, where she is presently a pattern-drafting professor. Her experience in the different sectors of the fashion industry have allowed her to adapt her teaching methods to the student's needs. She is also a consultant in the fashion industry, works and lives in Paris.

Fournitures / Supplies : HAMON 54, rue de Cléry 75002 Paris Tél : 01 42 33 27 59

Copyright 2008 Esmod Editions
ISBN 978-2-909617-18-3
2ème édition - Dépôt légal : Novembre 2008
Impression : Stella Arti Graphiche - Trieste/Italie
Agence de Paris : tél : 01.40.59.83.27